「手取りを増やす政治」が日本を変える

国民とともに

国民民主党代表
玉木雄一郎

山田厚俊＝編

河出書房新社

「手取りを増やす政治」が日本を変える＊目次

第2章 玉木の軌跡（上）——学生時代 59

第3章　玉木の軌跡（下）──「改革中道」政治家として　93

第4章 政策で勝負する

第5章　国民の手に政治を取り戻す

解説

「手取りを増やす政治」が日本を変える

はじめに——国民を豊かにする政治を求めて

2024年10月27日投開票の衆議院議員総選挙で、選挙前7議席だった国民民主党は4倍増の28議席（小選挙区11人、比例区17人）を獲得しました。選挙後、国民民主党が政治状況のキャスティングボートを握ることができたのは、ひとえに国民の皆さんのおかげです。私たちはこれからも、国民の皆さんと約束した政策の実現にひたすら邁進《まいしん》する所存です。

まず始めに、今日に至る国民民主党の歩みを説明します。17年の衆院選前に、私が所属していた民進党（旧・民主党）は希望の党として衆院選を戦うことを党として決めましたが、立憲民主党が設立されたことで分裂しました。私は党の決定に従い希望の党で選挙を戦いましたが、衆院選後に希望の党は参院民進党と合流し、国民民主党となりました。その後もさまざまな思惑が交錯し、混乱は収まりませんでした。

19年、立憲と国民との間で合流が模索されましたが不調に終わり、翌20年に改めて新党に合流するとの方針が示されました。しかし、新党の綱領に「原発ゼロ」が明記されたため、賛同できない議員が出てきました。エネルギー自給のリアリティをよく知る電力系など民間労組出身議員からすれば、到底納得できる話ではなかったわけです。

私自身、左にシフトした立憲に合流しても政権を取れないと疑問を感じたことや、「原発ゼロ」に乗れない議員の受け皿が必要だと考え、新・国民民主党を設立する決断をしました。「対決より解決」の姿勢で外交・安全保障、エネルギー政策、憲法などについて現実を見据え、政権を担うことのできる「改革中道」路線の国民民主党を「存続」させたわけです。しかし、新・立憲が150人で結党したのに対し、私たち新・国民はわずか15人での船出となったのです。

「対決より解決」

改めて振り返ると、「中道」というのは、茨の道です。右派勢力からは左寄りだと批判され、左派陣営からは右に転向したと罵《のの》しられるからです。現実路線といっても、左右に偏った人たちからはどっちつかずの中途半端な政党に見えたようです。

しかし、本当にそうでしょうか。私はそうは思わなかった。真面目に働く多くの日本人は、穏健な保守を是とする人たちです。今日より明日、明日より来月、来月より来年がより安心していい暮らしができることを願っているのではないでしょうか。劇的な変化によって犠牲や歪みが生じることは求めず、日常を大切にしながら少しずつでもいい方向に生活が変わったと実感したい。それを実現させることが政治の役割で、それこそが多くの日本人が望む政治のありようではないでしょうか。私は、多くの皆さんとお会いし、対話を重ねるなかで、そう確信しました。

国民民主党は、これまで批判ばかりに終始した野党とは一線を画して、「対決より解決」を掲げ、現実的な政策を打ち出し、有権者の皆さんに、自民党、公明党という与党とは違う政策を提起してきました。

憲法は現実に即して改めるべき部分は改めるべきだし、化石燃料の輸入に頼っているエネルギー政策に対しても、聞こえはいいかもしれないが非現実的な原発ゼロではなく、原発再稼働や新増設をはじめとしてエネルギー自給率を高める政策を堂々と打ち出しました。

日本の食料自給率はわずか38％です。農業を営む人たちは品質のいい農作物を作っているにもかかわらず、儲けが極めて薄い。気候変動の影響で、これまで育ててきた農作物ができなくなってしまった農家も多い。このまま子どもに継がせるわけにはいかないと、自分の代で農業をやめてしまう方も後を絶ちません。このままではますます食料自給率は低下してしまいます。そのため、国民が良質な食料を合理的な価格で安定的に入手できるよう保障する「食料安全保障」の観点からも、農業者の所得向上を図るべく提言を行ってきました。

「財政的幼児虐待」

若者を中心とした現役世代も毎日苦闘を強いられています。たとえば、大学生が学費のためにアルバイトを懸命にやっていても、年収が１０３万円を超えると所得税が発生する。しかも親の扶養から外れて親の所得税が一気に増えてしまうことから働く時間を減らしている。これが「１０３万円の壁」です。スマートフォンやエアコンを使っていて気になるのが電気代ですが、あまりにも高い、助けてほしいと訴えてくる。学生が存分に勉強し、アルバイトに汗を流し、恋愛に一喜一憂する日常が困難になっている現状を見て、これは「日本の危機」だと感じました。

共稼ぎの若い夫婦で、奥さんがパートをしていても「１０３万円の壁」が邪魔している。時給が上がっても、手取りが増えない。こんな社会をそのままにしておくことは、政治の怠慢でしかありません。

一方で、国民民主党は現役世代に目を向け、高齢者をないがしろにしているという批判を耳にします。そうではありません。これまで日本社会を支えてきてくださった高齢者の方々を無視することは、あってはならないことです。しかし、現役世代と高齢者施策のバランスの悪さが日本経済を低迷に追いやった一因でもあります。これも政治の責任です。

選挙のたびに投票率の高い高齢者に目を向け、高齢者に耳心地のいい政策を訴えてきたツケによって現在の日本は「財政的幼児虐待」のような制度が増えてしまったのです。高齢者の皆さんを支える現役世代が疲弊してしまっては、この先どうやって医療や介護を維持できるのでしょうか。

年齢で区切るのではなく、元気で働ける人は応分の負担をしていただき、困難な方には手厚い福祉をしていく方向に変えなければ、この国は持たない。そのために、まずは現役世代が納得できる成長戦略、経済政策を打ち出そう。それが昨年（24年）の衆院選で打ち出した国民民主党の理念です。

とは言うものの、新・国民民主党を立ち上げてから4年間、政党支持率は一向に上がらず「1％政党」と揶揄《やゆ》されてきました。「次の選挙で消えて無くなる」と、冷笑され続けてきました。毎日が針の筵《むしろ》、崖っぷちでした。それでも、党の政策や理念に共鳴して少しずつですが地方議員の仲間も増え、支持者の皆さんの声援を背に走り続けてきました。

東京都知事選直後の24年7月、私の以前の著書『令和ニッポン改造論』（毎日新聞出版、19年）の協力者であるジャーナリストの山田厚俊さんから、「玉木さんの今の考え、最新の言葉を本にまとめてみませんか」という提案を受けました。今もユーチューブ「たまきチャンネル」で発信し、X（旧・ツイッター）やインスタグラムなどSNSでの投稿を続けていますが、改めて本という形で、活字で皆さんのお手元に届けられたら、新たな化学反応が起きるかもしれない。私の言葉、私たち国民民主党の考えを一人でも多くの人に届けたい。そう思い、書籍化の話をお受けしました。

そんななかで、自民党総裁が石破茂さんになった途端、いきなりの解散総選挙となりました。他の野党が軒並み「政治とカネ」で自民党批判に集中する一方、私たちは「１０３万円の壁」など具体的な政策を挙げ、国民の皆さんの「手取りを増やす」という公約を掲げて戦いました。結果、冒頭に書いた28議席を得ることができました。

したたかな雑草魂

しかし衆院選後、知人女性との問題が報じられました。家族、党の仲間たち、そして何より期待して投票してくださった国民の皆さまの期待を裏切るような行動を取ってしまい、本当に申し訳ありません。党の代表という立場にありながら、浮かれていた部分がありました。深く反省しています。

党の倫理委員会の調査に応じ、24年12月、3カ月の役職停止処分を受けました。一兵卒として、初心に帰って改めて政治に向き合う覚悟を決めました。

躍進を遂げたといっても、国民民主党は衆参合わせて37人のまだまだ小さな政党で、成長過程のさなかです。もっともっと皆さんの声を聞き集め、皆さんの暮らしがより良くなるよう、頑張りたい。つまらない政争に巻き込まれたくないし、興味もない。しかし、政策実現のためなら、さまざまな駆け引きにも応じます。それが本来の政治です。雑草のように地べたを這いつくばってきた4年間があるので、私たちはヤワじゃない。したたかな雑草魂をまだまだ永田町で見せつけてやります。

本書第1章には、24年7月7日の都知事選から10月27日の衆院選に至る私の発言をまとめました。4カ月弱の短期間ではありますが、私たちの主張が国民の皆さんとの対話のなかで急速に磨き上げられていく過程であり、実は政治史上での瞠目《どうもく》すべき転換期のドキュメントになっているとひそかに自負しています。

第2章、第3章では、これまでの私の軌跡を語りました。若い頃のこと、プライベートな話、政界の回顧録など多岐にわたりますが、自らの来歴の折々に引き付けて、今重要と思う政治課題を論じました。

そして第4章は、私たちが国民の皆さんの切実な声に耳を傾け、その訴えを汲み上げてつくった政策について、力を込めて、たっぷり語りました。政策こそ国民民主党の心臓部であり、私たちが国民目線で何をどう変え、どんな社会をつくろうとしているのか、その展望が込められています。

最後の第5章では、国民民主党の二大看板であり信頼する相談相手である榛葉賀津也《しんばかづや》幹事長との本音トークによって、国民に寄り添い、現実的で政権を担える野党はどうあるべきか、私たちのさらなる課題とは何かを探ります。

本気の語りで、格好つけることなく、「等身大の玉木雄一郎」をまるごと一冊にしました。お手に取ってお読みいただき、玉木は日夜こんなことを考えているのかとか、テレビで見るより普通のオジサンだなとか、少しでも政治を身近に感じていただければ幸いです。読後はご批判も含めて忌憚《きたん》のないご意見、ご感想をお寄せください。私はそれを新たな糧《かて》として新しい政治に活かしていきます。

令和7年2月10日　　玉木雄一郎

第1章

国民民主党ブレイク前夜

「石丸現象」は新しい政治意識の反映だった

2024年7月10日、七夕決戦となった都知事選後、玉木は「潮目が変わった」と興奮気味に語りかけてきた。この言葉をきっかけに本書はスタートした。物事を深く観察、分析し、政策立案や選挙対策に役立てようとする玉木の言葉を残したいと思った。玉木は「石丸現象」をどう捉えたのか。

玉木　短期的に言うと、立憲・共産党路線が「ノー」を突きつけられたっていうことです。もっと言うと、小池百合子東京都知事は当選しましたけれど、自民党は表に出られなかった。立憲民主党、共産党も勝てなかった。それを考えると、これまでの既存政治が否定された瞬間だったと思います。

小池さんは自民党ではなく、元々自民党に反発して離れてきた人です。蓮舫さんは、小池さんと自民党を結びつけて批判しようとしましたが、そうじゃない。

元自民党都連幹事長の内田茂さんは「都議会のドン」と呼ばれ、東京都政に大きな影響力を持っていた。16年の都知事選で小池さんは「内田都政」を「自民都連はブラックボックス」と批判し、初当選を果たした。小池さんは自民党政治に対するアンチテーゼだったわけです。小池さんが「内田都政」に反発して出てきたのを都民は覚えていた。

でも小池さんは別にリベラルの人ではない。自民党じゃない保守、自民党じゃない中道勢力であり、もっと言うと、きちんと「実務ができる政治」を都民は求めたんです。

今回も有権者である都民は、ちゃんと選択した。そういう意味では、「旧・民主党的なるもの」が終わり、「旧来の自民党的なるもの」も、「政治とカネ」の問題によってだけでなく、一つの区切りを迎えたのかなという感じがします。

もう一つ、今回の都知事選において、「右」とか「左」とかの選択ではなくて、「古い」か「新しい」かの選択になってきているという気がします。

「石丸現象」をどう分析するかというのは、いろんな解釈があるんでしょう。石丸伸之さんがいいという人もいれば、選挙後のテレビでの対応を含めて「何だ、あいつは」という見方もある。実際彼が国政に向いているかどうか、私にもよく分かりません。ただ「石丸現象」については、やはり本物だと思うんですよ。

既存のものではないものに対して「すがるような期待」が生じたことは事実だし、特にネット上での戦略がうまかったということもあるんですけれど、実はネットよりもむしろ街頭演説を最も頻度高くやったのが石丸さんです。それが切り抜き動画と連動した。中身はともかく、古いものを否定し、新しいものを選択したい国民が増えているということは確かではないでしょうか。

石丸候補は具体的な政策はなかった。つまり今回、都民は政策では選んでないんですよ。とにかく既存の何か、かつての言葉で言うと既得権益だけど、既得権益というよりも、別に得がなくても長くやってて変化のない存在に対して「ノー」を突き付けたんだと思いますね。

2024年8月21日

「石丸現象」を否定的にのみ扱うメディアや識者は多かったし、新たなSNS活用術と見る向きもあったが、玉木は有権者の心理が「新たなフェーズ」に入ったと、まったく別の本質を見ていた。

有権者は「政策のある石丸」を欲している

玉木は、都知事選における石丸候補には「政策がなかった」、都民は「政策で選んでない」と言うが、それは、政策重視の国民民主党と水と油ではないのか。

玉木　踏み込んで言うと、有権者は「政策のある石丸」が欲しいんじゃないかなと思いました。石丸さんは勝てなかったけど、たとえば、きちんとした政策体系と、明確な国家ヴィジョン、都知事選だから都政ヴィジョンを示せば、もっと票は伸びたと思う。

それを今度、国政でどうつくっていけるかが問われている。自民党にも、これまでの古い政治から抜け出そうとしている人がいる。総裁選で40代の小林鷹之さん、小泉進次郎さんの2人が注目されているのも、彼らもやはりそこを感じ取っているわけですよね。

40代が総裁選に出るというのは、かつての自民党ではあり得なかったわけじゃないですか。でも、それができるようになってきているというのは、さすがは天下の自民党ではないでしょうか。ある意味、一部には自浄作用が働いていると言っていい。

ただ新しいエネルギーが、本当に出し切れるかは分からない。これまでも、メディアが盛り上げて、いかにも「自民党は変わった」というふうに装うことを繰り返してきたわけだから、本当の変革が生まれるかは未知数です。

一方の立憲民主党は、むしろ「先祖返り」しているわけだから、自浄能力、自己変革能力さえ失っているんじゃないかと感じます。

今こそ、新たな時代をリードしていく、新しいドライビングフォースが求められている。それは、既存の政治に対して挑戦していく新しい主体であり、同時に、変化する世界をきちんと仕切れる「見識と能力を持った新たな政治集団」であることが必要だと思うんですよ。それが本当に姿を現した時には、国民の支持は、たぶんそこに向かうと思います。自民党はそれなりのプロフェッショナル集団で、経験もある。でも、古い。立憲にいたってはもっと古いし、能力もない。だから新しくて能力のある政党が出てきたら、たぶん、一気に国民の支持を集めると思いますね。我々はまさにそれを目指しています。今はまだ「やっぱり、そうは言っても自民党だよね」みたいなところがあるのは、有権者の目には、他に国家運営ができると思われる政党も人もいないと映っているからでしょうね。

でも自民党はやはり変わらないだろうな、と私は思っているんですよ。小泉進次郎さんや小林鷹之さんが出てきたら変わるかなと思う心理は、国民からしたら、むしろ「もうしょうがないから騙されたい」というか、「変わらないのは分かっているけど、でも何か変わると信じたいし、逆に上手に騙してよ」っていうくらいの感覚で、開き直りのなかで自民党を選ぶということじゃないかなと。

2024年8月21日

このインタビューが行われた時は、自民党総裁選も立憲民主党代表選も告示前だった。出馬意欲を表明している議員が出揃い始めた時期の玉木の見解である。

変化する世界に対応して常に新しくあれ

玉木は「新しい政治の胎動」を感じ取っていた。次期衆院選に向けての思いを口にし、そのためには自らの「変革」が必要だと語った。

玉木　我々は重要なキャスティングボートを握るような存在になりたいと思っているし、少なくとも今より議席を増やさなければいけません。

まだまだ小さな政党ですが、今のままで終わる気はありません。「常に備えよ」ということで、「次なる大乱」に備える小さな中核を残そうと思っています。いつか必ず、我々の考え方や理念や基本政策は活きるから、と。こう思って、踏ん張っています。仲間と一緒にね。

今までそんなふうに我々はやってきたんだけど、そろそろ「次のステージ」に行かなくてはいけないし、そのためには自分たちも変わらなきゃいけないと思っています。なぜかと言うと、20年9月に我が党ができて4年が経とうとしているんだけど、我々とて古くなるんですよ。

22年2月にロシアのウクライナ侵攻があって世界が大きく変わった。私たちはまさに新型コロナウイルス流行の真っ只中に結党したわけですけど、コロナでいろんな生活様式や価値観も変わった。特筆すべきは、23年からの生成AIやチャットGPTをはじめとした情報環境の急速な拡大で、社会が一変していますよね。

つまり、我々が結党してからわずか4年の間でも世の中は激変しているので、我々にしても安住していてはダメだという危機感があります。

自分たちは常に変わり続けることができているのか。「新しくできた政党です」といつまでも同じことを言っていては、それはもうどんどん古くなっていくので、常にアップデートできているのかということを問い続けなきゃいけない。

政策的にもどんどん新しいものを出していかなきゃいけないし、そこは選挙で有権者の審判が下るものだと思っています。

都知事選が大きな分水嶺になったというのは、繰り返しますが、対立軸が「左か右か」とかじゃなくて「新か旧か」になったということでもある。いつも自らを更新して、蛇が脱皮するように自分の古い皮を脱ぎ捨てていけるか。我々が結党した時の理念、つまり選挙を自分の就職活動と考えるのではなくて、国民の生活を最優先に考えられる覚悟を、新しい時代に即応させて持ち続けられるか、そこですよ。

2024年8月21日

古い政治との訣別——これは玉木の時代認識であり、覚悟を持った決意表明ではなかろうか。

小池百合子都知事との共闘はあるのか

国民民主党は都知事選で小池百合子を支援した。今後、小池都知事と小池が率いる「都民ファーストの会」との連携はあるのだろうか。

玉木　まさに私が言った「新しくて能力がある」という手ごたえを感じさせたのは、直近の例では希望の党設立を発表した時の小池さんだけです。当時の安倍晋三元首相も青ざめたほどの衝撃でした。途中で「排除発言」がなければね。それさえなければ、政権を獲らなくても、比較第一党になっていたと私は思います。

実現しなかったのは、残念だった。小池さんは今後、年齢のこともあるし、どうされるのかについては正直、突っ込んで話をしていません。ただ24年4月の東京15区の衆院補選で、国民民主党、都民ファーストの会推薦で出馬した乙武洋匡さんがつばさの党にあからさまな選挙妨害に遭って大変だったんだけど、その時小池さんが一瞬、「今後の大きな絵を議論しないとダメよね」って私に言ってくれたのは事実です。それ以降は立ち消えになっちゃいましたが。

小池さん自身が今後、国政にどう関わっていくのかというのは、一時の期待のようにはいかない気がするし、なかなか難しいのかなとも思います。けれども、小池さんにも都民ファの都議の皆さんがいるので、都民ファという枠をどのように進化させていきたいのか、注目しています。

一方、我々には都議が1人もいないし、都民ファとは相互補完関係があるから今はいい関係でやっていますけど、何か大きな新しい仕掛けをする時には、都民ファの彼ら彼女らとも一緒に何かやっていくし、数もある程度要るから、そういう大きな力になる人たちだと思っていますね。

2024年8月21日

希望の党は、小池都知事の「排除発言」で失速した。別々の道を歩んだ小池と玉木だが、近い将来、共闘の可能性があることに含みを持たせた。

手取りを増やすには、取りすぎた税金を返す必要がある

東京・JR有楽町駅イトシア前で演説。途中から雨が降り出したが、玉木の言葉に熱心に聞き入る聴衆の姿があった。

玉木　今何が問題かと言うと、もう極めてシンプルに言います。みんなの「手取りが増えない」んです。我々は結党以来、給料が上がる経済を実現しよう、皆さんがちゃんと働いたらしっかり給料が上がっていく、そんな元気な経済をつくろうと主張してきました。それが我々の政策の1丁目1番地だったんです。

ようやく約5％を超える賃上げ、中小企業でも4％を超える賃上げが実現した。三十数年ぶりの高い賃上げ率になってきたこと、これは評価します。

これをどうやって中小企業全体や非正規の方や、介護や看護や保育といった公定価格、つまり国がその賃金水準を決めるようなところで働いている皆さんに波及させ、待遇をど

うやって上げていくのか。これはこれからの大きな課題です。

よく聞かれるようになった声は、「玉木さん、確かに給料は上がるようになった。でも手取りがちっとも増えない」。なぜかというと、給料は上がったけれど、それ以上に税金と社会保険料が増えているからっていうことです。

このことも実は早いうちから国民民主党は主張してきました。日本って所得税は累進課税になっていてですね、０％の人、５％の人、10％の人、20％の人、段々所得が増えるにつれて、所得税率は上がっていく。そういう税制なんですね。

だから、「やった、賃金が上がった、所得が上がった」と喜んでも、次の税率の高い所得区分、これを「ブラケット」と言うんですが、そこに移行していくので、増えた増えたと思っても、追加で取られる税金、かかる所得税率が、これまでより上がっていくわけです。

その結果、何が起こるのか。皆さんの所得の上昇率以上に、国に入る税収の増加率の方が高くなるんです。だから皆さん、最近聞きませんでしたか？　来年にもプライマリーバランス（基礎的な財政収支）は黒字になるって。

国の財政、懐が豊かになっている。でも皆さんね、豊かにすべきなのは国の懐じゃなくて、「皆さんの懐」じゃないですか？　そのためには、取り過ぎている税金をお返しすべきなんです。

もちろん、税収が増えることはいいことだし、大事なんだけれども、皆さんの所得が増える以上に、増えている税金についてはちゃんとお返ししましょう、ということを我々は訴えています。

特に、基礎控除を上げよう、と。子どもを育てる人は、廃止されてしまった年少扶養控除を復活しよう。極めてシンプルな、そして長く続く税制改正、所得税の減税を訴えてきた。

これは当たり前の政策です。アメリカでもオーストラリアでもやっている。

物価上昇、賃金上昇の時にはこれを調整しないと、皆さんの手取りが減ることを各国の財政当局はよく知っているから、ちゃんとその調整で基礎控除、アメリカでは「標準控除」と言いますけれど、それをちゃんと引き上げて減税しているんですよ。

もう政治や政策は、一部の政治家が決めるものじゃありません。皆さんとともに、悩みながら、苦労しながら、一緒につくり上げていく政治こそが、「真に開かれた政治」だと私は思います。

2024年8月21日、東京・JR有楽町駅イトシア前での街頭演説

この時、玉木はまだ「103万円の壁」を掲げてはいない。しかし、税金を払う側に立った、「手取りを増やす」というシンプルな訴えに、人の波は増えていった。

解散・総選挙は石破カラーを封殺した

石破茂内閣が24年10月1日に発足した。翌2日の新聞各紙の朝刊1面は「戦後最短で解散・総選挙へ」（朝日新聞）といった見出しが踊った。

玉木　今回、森山裕幹事長による「森山スケジュール」でやっていますが、これは私、大失敗する気がするんですよ。熟議という「石破カラー」を殺してしまうスケジュールなんでね。

ただ、この解散は我々にとってチャンスです。うちは、どうブレイクさせるかなんですよ。今、傷ついていないのは国民民主党だけなんです。

自民は「政治とカネ」問題で下降気味になっている。立憲も古い体質があらわになって何だかよく分からない。維新もボロボロになっている。

石丸現象ならぬ「玉木現象」でいくか。

２０２４年10月2日

石破首相の持ち味は熟議なのに、早々の解散でその持ち味を封殺してしまったと玉木は評し、しかし、それを好機と捉えて国民民主党の躍進を誓った。

真面目な日本人に寄り添う、真面目な政治家たれ

国民民主党のメイン・ターゲットは若者層だと言われるが、実はもっと幅広い。それは、いわゆる「サイレント・マジョリティ」だと玉木は言う。

玉木 自民党は、政策にこだわりを持っている人が少ない。自分がお世話になっている業界団体との調整を最優先しますよね。

立憲民主党は逆に業界団体とのつながりはないけれど、市民団体やNPO法人ばかりと付き合っていると、それがすべてだと思ってしまう人がいるから、なかなか党内がまとまらない。妥当性とか実現可能性という部分からやっていこうという思考の人が少ない気がします。

その点、我々はサイレント・マジョリティが大切だと思っています。たとえば、品川駅で街頭演説をしていると、たくさんの人たちが家路を急いで帰っていきます。そんなサラ

リーマンやサラリーウーマンの人たちを見ながら、「日本人はみんな真面目だなあ」と思うわけです。

この人たちは会社で急に逆立ちして周りをギョッとさせるわけでもないし、ユーチューブに視聴回数が上がる動画をアップするわけでもないでしょう。与えられた仕事を誠実にこなしているんですよね。それが多くの日本人なんです。

そういう真面目な日本人に寄り添う政治は、真面目な政党、真面目な政治家が真面目にやらなければダメだと思っています。

我々は別に芸能人やパフォーマーではありません。もちろん、政治には時にパフォーマンスも必要ですが、今の政治家は、とにかくテレビに映ればいい、ネットで拡散されればいいということに過度に重きを置きすぎているような気がします。

それによって、本当に国民の生活とか、将来の不安とかに正面から寄り添う政治が、むしろ軽視されているのではないかとさえ危惧しています。

我々は真面目な皆さんの声を聞くことに集中してきた。そこを真っすぐ、ブレずにやってきたと自負していますし、これからもやっていきたい。現役世代を中心に大勢の、声を上げたくても上げられない真面目な日本人たちに向けてです。

でもね、そろそろぐるっと回って、真面目な政治に戻ってくるのかなと思っているんです。ブレずにずっと正しいことを言い続けてきたことが、我々の存在意義だと思っています。

選挙を政治家の就職活動にしない。そして正論をしっかりお伝えして天命を待つという、今はそういう心境ですね。

2024年10月2日

サイレント・マジョリティは無党派層とも重なる。これまで刺さらなかった層に訴えることの重要性が見えてきた。

どんなコンサルタントの意見よりも国民の声が重要

24年秋の衆院選でブレイクした「103万円の壁」。国民民主党の政策は、国民から寄せられた声がヒントになっているものが多いと玉木は言う。

玉木　電気代を下げようと訴えたのは、学生さんの声がきっかけでした。ガソリン代についても、長崎に行った時、ガソリンスタンドの人に聞いた話から始まった政策です。

障害児福祉の所得制限撤廃については、障害を持つお子さんをベビーカーに乗せたお母さんが演説会場に来てくれて、そこで聞いた話から始まりました。

年収１０３万円の壁に至っては、あちこちで言われました。学生さんたちもそうですが、若いサラリーマンの方からも数多くの声を聞きました。

コロナの時は、シングルマザーの方からも悲痛な声をよく聞きました。シンママの方は飲食業で働いている方が多く、コロナでいきなり仕事がなくなってどうしようかと思っていたら、子どもはステイ・ホームで学校に来るなと言われて家にいるから面倒を見なければならない。そんな人たちの苦しみの声をたくさん聞きました。

市井の人たちの声が我々の血肉になっていく。本当にありがたいことですよ。普通の人たちの声が、どんなコンサルタントの意見よりも重要です。

だってリアルな声だから。シンママの話からは10万円給付の政策が生まれたんですけど、あれで本当に助かったと言われました。所得制限があって補助金とかをもらえないというなかで、一律10万円配るということに対して批判もあったけど、あれで助かった、と。

仕事がなくなったり、あるいは働く時間が減ったから子育てのためにダブルワーク、トリプルワークをする。すると、合算した所得が高くなってしまい、補助金をもらえなくなってしまったわけです。低所得者だけだから。

必死で働いて、何とか所得を得て、しかしその結果、補助金をもらえなくなるなんて、努力するのはバカなのかと。そんな時に10万円一律給付となってすごく助かりましたと言われました。

そのようなことが今、１０３万円の壁でも起きているんです。

最低賃金が上がったのでもっと働きたい、学費が上がってしまったからもっと働きたい。そう思っているのに、１０３万円が壁になり、これ以上働くと税金取られたり、親の扶養から外れて親の税負担も増えてしまうから、わざわざ年収を抑えている。もったいないし、本当におかしな話ですよ。

２０２４年10月11日

「どんなコンサルタントの意見より、国民の声が重要」。この言葉にこそ、今、国民民主党の支持が高まっていることの理由があるのではないだろうか。

自民党を変える前に、石破茂首相が変わってしまった

衆院選公示の前日、玉木は首都圏各地で街頭演説を行い、石破茂首相の「変質ぶ

り」を批判した。

玉木　いよいよ明日からですね。衆議院選挙が始まります。でも、なぜ今選挙をやってるんでしょうか。

覚えてますか、皆さん。「政治とカネ」の問題、自民党の裏金問題、これで岸田文雄前首相が総裁選に出るのを諦めて、新しい自民党総裁として石破茂さんが選ばれて、新しい内閣ができた。

それで選挙をするということになっていますが、私ね、石破さんには期待していたんですよ。安倍政権の時も、時に「後ろから鉄砲を撃つ」と言われても正論を言ってきた。そういうイメージでしたし、私も憲法審査会で石破さんとは実は一緒に座って議論してきた。そういう仲でもあるので、「政治とカネ」にまみれた自民党を変えてくれるんじゃないかと。皆さんのなかにも期待した人はいたと思うんです。

期待外れでした。この前、10分間ですけれども石破新総理に対して、党首討論をやらせてもらいました。ご覧になった方、いますか？　立憲民主党の野田佳彦さんが40分、日本維新の会の馬場伸幸さんが20分、共産党の田村智子さんが10分。私は4番バッターで10分やらせていただきました。もうちょっと議席が増えたら、20分ぐらいできるんですけれど、今回は10分ということでやらせてもらいました。

一番最初に訊いたのは、使い道を明らかにしなくていい、そして税金のかからない多額のお金である「政策活動費」についてです。自民党の元幹事長、二階俊博さんには年間10億円、5年間で50億円のお金が渡っていた。何に使ったかは分からないし、明らかにする必要もないお金です。便利な財布があるんですよ。

そういったものが、ある意味裏金の温床になったんじゃないのか。いろんな指摘もあった。ですので、私は石破さんに率直に訊いたんです。明日から始まるこの総選挙に、「このいろいろ言われた政策活動費は1円も使いませんよね？」、そう訊いた。

私としてはトスを上げたつもりです。「使いません」って言ったら、「さすが石破さん、一緒にいろんな改革をしていきましょうね」って話で、2問目の質問に入るつもりでした。でも「使いませんよね？」って訊いたら、「使います」って言うんですよ。「それは石破さん、おかしいんじゃないですか」ってやり取りをしてるうちに、10分経っちゃったんです。

残念でした。私は、石破さんは自民党を変えると思って、少しの期待を持っていたんだけれども、結局石破さんが自民党を変える前に、石破さん自身が変わってしまいました。やっぱり自民党は変わらないんですよ。

だからこの選挙で、皆さんに変えてもらうしかない。

2024年10月14日、埼玉・JR大宮駅東口での街頭演説

街頭演説で玉木は痛烈な石破批判を展開し、国民民主党への支援を訴えた。しかし、その表情は寂しそうでもあった。石破への期待が裏切られたからであろう。

狼煙の第一声――「103万円の壁」撤廃に向けて

2024年10月9日、衆院は解散した。玉木はこの日の夜、国民民主党の榛葉賀津也幹事長とともに、東京・港区のJR新橋駅SL広場前に立った。

玉木 私の胸にはもうバッジがついていません。解散というのは、一瞬にしてすべての衆議院議員の首を飛ばすことです。大変大きな決断を石破総理がしたわけです。

私はここに立つと3年前、榛葉幹事長と一緒に決死の覚悟で戦いに臨む、その思いをここで訴えたことを今でもまざまざと思い出します。

本当に国民民主党がなくなると思いました。毎日が正念場。その思いは、あの時からひとときも変わっていません。でも、そんな思いに応えてくれたのは皆さんです。皆さんが私たちに力を与えてくれて、頑張れと背中を押してくれて、そしてここまでやってくることができました。

私たちは古い自民党を象徴する「政治とカネ」の問題も追及するけれども、同時に、皆さんの手取りが増えることを妨げていたり、企業の成長を妨げているような、もう何十年も前につくられた古い制度が日本の新しい未来を妨げている、それを根こそぎ変えていきたいんですよ。

今回の選挙は、そんな古い政治をぶっ壊して新しい政治に変えていく挑戦なんです。私たちは堂々と政策を掲げて、新しい日本を切り開く政策で勝負していきたいと思います。

ゾンビのような古い税制が日本にはいっぱい残っています。たとえば、所得税の基礎控除と給与所得控除を足した額が１０３万円。ここまでは税金がかかりませんけれど、ここからさらに稼ぐと税金がかかり始める。あるいはサラリーマンの皆さんからは、まず稼いだ所得から１０３万円を差し引いて、残りに税金をかける、こういう仕組みになっています。

でもこの１０３万円が決まったのはいつか分かりますか？　１９９５年、今から29年前です。ここから1円も、ビタ一文も変わってないんですね。でも、最低賃金はこの間で1・7倍になっています。

学生の皆さん、いますかね？　この間、私立大学の学費は1・3倍、国公立大でも1・2倍になっている。いろんなものの値段が上がっている。生きるコストも学ぶコストも上がっているなかで、この基礎控除は約30年、1円も変わっていません。

だから、最賃が上がって良かった、単価が上がって稼げると思ったら、結局「103万円の壁」があって、それ以上働くと税金が取られるので働く時間を調整して、シフトを調整して、結局最賃が上がっても、1年間で稼げるお金は103万円止まりですよ。

でも学費は上がってる、いろんなコストが上がってる。賄えないんですよ。だったら30年ずっとほったらかしにしてきた103万円、そろそろ上げませんか？　これが私たち国民民主党の提案なんです。

最賃が1・7倍になってるんだったら、この基礎控除、給与所得控除を上げて、103万円から178万円まで上げよう。特定扶養控除も103万円から引き上げよう。極めて合理的な提案をしてるんです。

今日、党首討論で、10分でなくて20分あったら、これを石破さんに訊こうと思っていた。30年前に決まった古い税制ではなくて、今インフレでモノの値段が上がっているんです。頑張って働いてもっと稼ぎたいと思っている人がたくさんいる。学生さん、パートの皆さん、いろんな人がいる。だったら、30年前につくられたこの古い税制を改めて、ゾンビのような古い税制を変えてぶっ壊して新しい時代に合った税制に変えませんか？

2024年10月9日、東京・JR新橋駅SL広場前での街頭演説

衆院選で国民民主党が「103万円の壁」のカードを切った瞬間だった。国民生活の実情から税制の旧弊を突く玉木の演説に、平日の夜にもかかわらず、多くの人たちが足を止めていた。

50年前のガソリン税もぶっ壊せ

引き続き、新橋での街頭演説で玉木は、ガソリン価格に関する「ガソリン税率」についても斬り込んでいく。

玉木　もう一つ、ガソリンの暫定税率があるんです。税金を上乗せして取っているこの暫

定税率、レギュラーガソリンで言うとリッター25円10銭です。これも止めませんか。

なぜなら、この暫定税率ができたのは、さっきの基礎控除１０３万円よりももっと昔で50年前、１９７4年ですよ。

当時はまだ道路整備が東京都内でもできていなかったので、当時贅沢品だったクルマのユーザーだった皆さんに上乗せで税負担をお願いして、急いで道路を造ろうとした。

その時、「最初の2年間だけ辛抱してください」、そう言って50年前に導入したこの暫定税率は、今はもう道路整備には使われていないし、それなのになぜか引っ張って50年間、税負担は残したまま、しかも途中で消費税が入ったので、税に税を掛けて二重課税になっている。

こんなゾンビ税制、まさに半世紀前に生まれた税制をずっと引っ張って、結局皆さんの負担を求めるだけになって、税を求める合理性も妥当性もなくなっている。こんな古い制度はぶっ壊しましょう。

30年前に生まれて、皆さんの手取りが増えることを妨げている１０３万円の壁、50年前に生まれて元々道路を造るためだったのに、もう道路を造ることには使われなくて何のために使われているか分からないようになっているガソリンの暫定税率。

30年前、50年前、こんな昔につくられた制度を変えることができなかったのが自民党なんです。

それを今もう一度、税金を使う側ではなく、働く者、生活者、払う側の皆さんの立場に立って、古い仕組みをぶっ壊して新しい制度に変えていこうではありませんか。

今日、党首討論で持ち時間があともう10分あったら、石破さんに訊きたいことがありました。

それは、2カ月前の8月の実質賃金の指数が出たので、それについてでした。上がり始めた実質賃金、プラスになっていたのが、ボーナスの効果が剝落《はくらく》して3カ月ぶりにまたマイナスに戻ったんですよ。そして消費支出もマイナスになりました。

「でも石破さん」と、訊きたかった。実質賃金は、今年の8月の実質賃金は、去年の8月の賃金に比べてマイナスになっちゃった。

ところが皆さん、8月の国に入ってくる税収は、昨年8月の発表と比べてどうなっているか、ご存知ですか？　25・8％も増えている。1年で皆さんの賃金は25・8％も増えていますか？　手取りは25・8％増えてますか？　でも、国の税収は1年で25・8％も増えてるんです。

政治の役割って何でしょうか。国の懐を豊かにすることが政治の役割ではありません。政治の役割は国民の懐を豊かにすることなんじゃないんですか。だから私たちは、先ほど榛葉幹事長が皆さんに言った、「手取りを増やす経済政策」で、この選挙戦を戦い抜いていきたいと思います。

2024年10月9日、東京・JR新橋駅SL広場前での街頭演説

老若男女が玉木の声に熱心に耳を傾ける光景は、新たな政治の幕開けを感じさせた。

私たちが最重視するのは、「民の竈《かまど》」たること

新橋での玉木の街頭演説は、仁徳天皇の言葉を紹介し、国民民主党の政治の起点は国民一人ひとりの声であることを明かして締めくくられた。

玉木　こういう言葉があります。かつて仁徳天皇が丘の上から下を見たら、夕飯時に家々から煙が上がっていなかったそうです。それを見た仁徳天皇は、当時皇居を改修する予定だったのを止《と》め、税を取ることを3年間止め、国民の竈から再び煙が上がるまでは税金を取らなかった。

皇居がボロボロになることも我慢をした仁徳天皇は、ふと見ると再び夕げの時間に民の竈から煙が上がっていることを確認して、「民の竈は賑わいにけり」と言った。仁徳天皇はこの言葉を残して、その後、皇居の改修に入ったという伝説が残されています。今やってることは、これと逆じゃないですか。

国はどんどん税収が上がる、税外収入が入ってくる。来年はプライマリーバランスがどうやら黒字化するそうです。一方で、皆さんの手取りはどうですか？　実質賃金はプラスですか？　マイナスじゃないですか！

私たちが最重視するのは、「民の竈」が豊かになることです。皆さんの懐が豊かになるかどうかを最優先する政治に変えていこうではありませんか。それを今回の選挙戦で明確なキャッチフレーズとして掲げたのが、皆さんの「手取りを増やす。」経済政策なんです。

私たちは、基礎控除を上げて、皆さんの所得税の負担を下げる。消費税は実質賃金が安定的にプラスになるまで5％に時限的に減税します。そして、医療制度改革を行って、皆さんの社会保険料負担を引き下げていきたいと思っています。

今申し上げたガソリン減税と再エネ賦課金を徴収することを止めて、その分皆さんの電気代を引き下げます。税を下げ、社会保険料負担を下げ、電気代、ガソリン代の負担を下げて、皆さんの手取りを、懐を豊かにする政策をしっかりと進めていきたいと思います。

我々はあくまで政策を重視する政党です。そしてその多くの政策は、皆さんに教えていただいたものです。皆さんとの対話、こうして街頭演説をしているなかでお寄せいただいた声からつくられた政策が山のようにあります。

衆議院の我々の任期の間に実現した、たとえば障害児福祉の所得制限の撤廃、補装具の所得制限の撤廃は、私自身が桜木町（横浜）でお話を聞いた、障害を持つお子さんを育てるお母さんの声から始まった政策でした。

補装具の所得制限の撤廃は今年（24年）4月に実現しました。そして電気代の値下げも、1人の学生さんが私たちに寄せてくれた声からでした。

「ガソリンの値下げに加えて、ぜひやってほしいのが電気代の値下げです。僕は学生で下宿して大学に通っているから車を持ってません。でも玉木さん、今どんどん電気代が上がってるのに気づいてますか」

その一言だったんです。こういった一人ひとりからお寄せいただいた声で私たちの政策はできています。私たちの政策は、まさに私たちの血であり肉なんです。その血肉を形成している大切な一つひとつの栄養素は、皆さんの声であり、思いであり、託してくれた願いなんです。それを実現できる政治を、そしてもう一度皆さんに政治を信頼しようと思ってもらえるような、そんな皆さんとの関係を築ける政治を取り戻していきたい、そう思っています。

皆さん、今回私たちが向かっていく選挙は、私たち国民民主党だけでなく、日本の政治にとって極めて重要な選挙です。力を貸してほしいんです。変える力は皆さん一人ひとりにあります。皆さん一人ひとりが持っている力は、決して小さくありません。皆さんのその声が、力が、思いが、必ずこの国を変えていきます。この国を司る政治のありようを変えていきます。

一緒に変えていきませんか？

一緒につくっていきませんか？

一緒に築き上げていきませんか？

新しい政治の扉を、新しいページを皆さんと一緒に開き、新しい政治を皆さんとともにつくっていきたいと思います。ともに戦っていきましょう。新しい政治をつくり上げる、その事実上の戦いは、ここから今夜始まります。

今日こうして集まっていただいた皆さん、いろんなご縁でこちらに足を運んでいただいた方、たまたま足を止めていただいた方、いろんな方がいると思います。でももう皆さん、逃げられませんよ。もうみんな仲間です。

一緒にこの国を変えていく戦いをともに最後まで戦い抜いていただくこと、心からお願いを申し上げ、解散の日の新橋駅SL広場前から皆さんへの心を込めての訴えとお願いにさせていただきたいと思います。

皆さんどうぞよろしくお願いします。ともに頑張りましょう！

2024年10月9日、東京・JR新橋駅SL広場前での街頭演説

新・国民民主党誕生から4年間、ひたすら逆風に耐えて力を蓄えてきた彼らが、乾《けん》坤一擲《こんいってき》の勝負手を放った新橋の第一声だった。

経済政策を間違うと、時に人を殺すことになる

衆院選最終日。午後7時を回り、東京駅に着いた玉木を待ち受けていたのは、丸の内口一帯を埋め尽くす聴衆だった。

玉木　いよいよ選挙戦最終日となりました。こうしてマイクを持ってしゃべるのもあと1時間を切りました。最後の選挙戦を振り返っての思いを、そしてこの選挙戦に懸ける覚悟

を、改めて皆さんにお伝えしたいと思っています。

まず感謝です。私たち国民民主党、参院議員で副代表の礒崎《いそざき》哲史さん、政調会長の浜口誠さんを中心に一緒につくってきた公約マニフェストを持って、この12日間戦ってきました。

いろんな思いをPRして、お伝えして、発信して、アウトプットしてきましたけれども、私、ずっとこの間やってきて逆だと思ったんですよ。

むしろ皆さんからのインプットをいっぱいいただく12日間でした。街頭演説もあらゆるところでやりましたが、学生の皆さん、子育てをしているお父さんお母さん、そして年金で暮らしているおじいちゃんおばあちゃん。いろんな人の声と思いを預からせていただきました。

正直まだまだ我々の公約で、「あ、ここはまだ足りなかったな」と気づくこともたくさんあって、その意味では、こちらから何かを皆さんに伝えるよりも、むしろ与えていただく、そんな12日間だったと思います。

公約も、速やかに変更した部分もありますし、その意味では、皆さんと一緒につくってきた12日間、そんな思いで今、私はここに立っています。

奈良県に行った時のことです。近鉄奈良駅で街頭演説をしていた時に1人の男性が来てくれました。

私よりちょっと若いぐらいの、スーツをビシッと着た男性でしたが、こちらに来て、「玉木さん、僕、就職氷河期世代なんです」と言ってきてくれました。で、「今から僕、面接に行くんです。だからスーツを着ているんです。その前に玉木さんに会いたいから」って、来てくれた。

彼が言うのは、自分はいわゆる就職氷河期世代で、学校を卒業した時期は景気が悪くて、経済政策も良くなくて、就職口が減って、いわゆる正規の仕事には就けなかった。それからもう約20年近くずっと非正規で働いてきた。

でも今回、国民民主党の「給与が上がる経済」「手取りを増やす経済」、そして就職氷河期世代をしっかり支援する政策もやっていく――。

「その公約マニフェストを見て、僕、もう1回頑張ろうと思ったんです。だから今日こうして、面接に行くんです」

そう言ってきてくれたんですね。胸にグッとくるものがありました。この間全国を回って一番感じたことは、国は、政治は、経済政策を絶対間違っちゃダメだってことです。経済政策を間違うと、時に人を殺します。

大切なかけがえのない、若い人たちの人生を狂わせてしまう。それぐらい重いものなんです。だから我々は、結党以来、経済政策にこだわってきた。真面目に頑張る人がちゃんと報われる社会をつくりたい。それが我々の結党以来の願いです。

だから今回の選挙戦も、もちろん「政治とカネ」の問題、大きな争点ですよ。でも我々は「手取りを増やす経済政策」、これを何としてもやりたいんだ。そのことを訴え続けてきました。

だからこそ私は、「政治とカネ」の問題が許せないんです。ごまかしたり、法律を犯している。そして、自民党の議員が裏金問題について、マスコミにどう答えようかとか、なかには検察の調書にどう応じようかとか、あるいは次の選挙どうやったら受かるか、そんなことで頭がいっぱいで、肝心の経済政策をちっとも考えてないじゃないですか。

今、曲がりなりにもこの瞬間だって与党は自民党でしょう？　もし、この瞬間に北朝鮮からミサイルが飛んできたり、尖閣諸島に上陸したら、対応するのは政府与党でしょう。それなのに、自分の首がどう繋がるか、そんなことで頭いっぱいになっていて、国民のことなんかできるわけないじゃないですか。自民党、もっとしっかりしてくれよ。

2024年10月26日、JR東京駅丸の内口での街頭演説

玉木が経済政策の重要性を訴えるたびに拍手が湧き起こり、「そうだ、そうだ」とい

う声がいたるところから湧き上がっていた。

もがき続ける国民、もがき続ける国民民主党

東京駅丸の内口で「103万円の壁」「ガソリン減税」などを語った後、玉木は結党当初に思いを馳せて語り始めた。

玉木 あともう15分ぐらいでマイクを使えなくなるので、最後に私の思いを皆さんに伝えさせてください。

4年前に国民民主党を結党した際、ずいぶん馬鹿にされましたし、選挙のたびに消滅するんじゃないかといつもご心配を、メディアの皆さんからもいただいてまいりました。大きなお世話です。でもね、大変でした。私、結党の時の挨拶演説で、3匹のカエルのイソップ寓話を申し上げたんです。

大きな大きなポットの中にミルクが入っていて、そのなかに3匹のカエルが落ち込んだ。

1匹目のカエルは悲観的で、もう落ちたから何もできないやと諦めて、そのまま死んでいきました。

2匹目のカエルは、妙に理想論に走っていて、何とかなるわと思ってるうちに、どうにもならなくて死んでしまいました。

3匹目のカエルは、何かできることがないか、探して探して、もがいてもがいてもがいているうちに、ミルクが攪拌《かくはん》されて、バターになって固まって、そこを足場に踏ん張って外に出られた。

そういう寓話です。もがいてきました。私たち国民民主党は小さな小さな政党で、礒﨑さんとも、千代田区議の田中えりかさんとも、自治体議員の仲間や国会議員の仲間、もちろん榛葉賀津也幹事長もそうです。もがいてもがいてもがいてきました。でも、私たちは自らの正論を曲げなかった。

選挙を政治家の就職活動にはしない。いたずらな批判、反対だけでなく、しっかりとした対案、政策を出して、堂々とした政策論争ができる国会にしていきたい。それを担える政党でありたい。そんな正論を吐き続けてきました。

でも多くの人から、「そんなカッコいいことばっかり言っても議席が増えないじゃないか」「支持率上がらないじゃないか」「虫眼鏡で見ないと支持率が見えない」と、いろんなことを言われました。

でも皆さん、今日はありがとう。私たちは時代の変化には即応するけれど、原点は何も変わっていない。同じところに同じ場所に居続けました。それを見つけてくれたのは皆さんです。皆さん、国民民主党を、私たちを見つけてくれてありがとう。

でもさっきね、横浜でこういう挨拶をした後、一緒に電車に乗ってきた若い子がいて、「玉木さん、違うんだ」って言ってくれた。「僕たちが国民民主党を見つけたんじゃなくて、国民民主党が僕たちに希望をくれたんだ」って言ってくれたんです。

「相手の悪口、批判ばっかり。そんななかで唯一の希望が、あくまでも政策で、どうやったらこの国を良くしていけるのか、国民生活を暮らしを良くしていけるのか、愚直に、それこそもがき苦しんでる、その姿が僕たちの希望でした」

そう言ってくれました。でも、さらに言うけど、違うと思った。もがいてるのは我々じゃない。国民の皆さんなんですよ。一生懸命頑張ったって、給料が上がらない。光が当たらない。何度やったって何度やったって失敗する。合格しない。多くの挫折のなかで、それでもなお、与えられた責任や仕事を一生懸命にこなしている。

今日ここにいらっしゃる皆さんも、みんなそうだと思う。私たち国民民主党は、そんな真面目に頑張る皆さんが、ちゃんと報われる世界を残したいと思います。

2024年10月26日、JR東京駅丸の内口での街頭演説

玉木のボルテージは上がり、聴衆の熱量も上がっていった。まるで、エンターテインメントの舞台さながらだったが、これはまぎれもなく日本のリアルな政治の光景なのだった。

風に乗るのではなく、風をつくろう

玉木は選挙戦が始まってから一貫して「風に乗るのではなく、風をつくるんだ」と訴え、最後は「玉木現象」を意識した言葉で締めた。

玉木　忘れないうちに3つお願いがあります。何とか21議席を獲りたいので、皆さんにお願いがあります。

まず1つ、選挙に行ってください。絶対に行ってくれますか？　ありがとう。皆さんの身の周りにいる、絶対に選挙に行かない人を1人捕まえて、一緒に行ってください。それ

で倍になりますから。

2つ目。私の写真を撮って、動画でもいい、それで、それをＬＩＮＥでも何でもいいから誰かに伝えてください。拡散してください。今皆さんが、何か私から熱を感じ取ったら、その熱を伝導してください。選挙は熱伝導です。撮って、伝えて。お願いします。

3つ目、これはできる人だけでいいです。ハッシュタグ、比例は略さず、国民民主党。ハッシュタグ国民民主党。この2つのハッシュタグを入れて何か投稿してください。今日の23時59分までできますから。これをぜひやっていただきたい。

一緒に日本を変えていこうじゃありませんか、皆さん。

日本を動かしていこうじゃありませんか、皆さん。

一人ひとりの力は決して小さくない。1票で何が変わるんだ？　そんなことを言う人がいます。違います。1票で変わります。いや、変えましょうよ、皆さん。

私にも息子がいます。子どもがいます。本当にね、真面目に頑張る人が報われる社会を、子どもたちや孫たちに残したい、我々大人たちが子どもたちに向かって「この国で、この日本で頑張れば、どこにでも行けるよ、何にでもなれるよ、夢が叶うよ」と、大人たちが自信を持って、子どもや孫に言ってあげられる、そんな国を、日本を残していこうじゃありませんか。

そのために私も最終最後まで頑張りますので、どうか皆さん一緒に変えましょう、一緒に動かしていきましょうよ。

今までね、選挙の時に感じた風は、前からしか感じたことがなかった。常に逆風。でも今回ちょっとだけ背中からそよ風を感じています。でもそよ風だとまだ日本は動かないので、それを大きな大きなうねるような風にしていきたいんです。私はね、風に乗るなんて思ってない。風をつくろうと思ってるんですよ。

だからその風を一緒につくってみませんか。最後まで戦い抜きますので、よろしくお願いします。ありがとう。

2024年10月26日、JR東京駅丸の内口での街頭演説

1日何カ所にもおよぶ演説をこなし、それをSNSなどで拡散してもらう。「石丸現象」の手法を取り入れつつ、最後まで駆け抜けた。新しい風はつくられつつあった。

第2章 玉木の軌跡（上）
——学生時代

世が世ならJリーガーだった?

現代政治のキーマンとなった玉木だが、彼はどんな軌跡を辿った、どんな人物なのか。まずは自らの来歴を語ってもらおう。玉木は1969年、香川県大川郡寒川《さんがわ》町(現・さぬき市)に3人兄弟の長男として生まれた。小学校時代はサッカー少年だったという。

玉木 家族は父、母、私が生まれた時は祖父、祖母もいましたから、3世代同居の7人家族でした。まさに『サザエさん』の世界ですね。弟は1つ下と3つ下で、兄弟仲は普通でした。男3人でしたからね、喧嘩をしながらも、お兄ちゃんなのでリーダーシップを発揮していました。

周りからは「雄ちゃん」とか「玉ちゃん」って呼ばれていました。家の周りは一面田んぼだらけだったので、そこで遊んでいたのが一番小さい頃の記憶ですね。たぶん、3歳とか4歳かな。幼稚園、保育園に行くより前のことです。菜の花が咲いている畑で遊んでいた記憶があるんです。

小さい頃はよく穴を掘っていました。犬と一緒で、畑とか庭とかに穴を掘って、そこに大切なものをしまうということをずいぶん小さい頃にしていたのを覚えています。小さな自分にとって大切なもの、たとえばビー玉とかキラキラ光るものを、穴の中に大切にしまっていました。

その延長線上なのかもしれませんが、小学生になってからは、秘密基地みたいなものもつくっていましたね。なにしろ地方の古い家なんで、子ども部屋なんてない。小さい頃は常に兄弟一緒、家族一緒だったから、「自分の空間」が欲しかったのかもしれません。

小学生の頃は一生懸命に勉強をした記憶はありません。田舎の小さな小学校で、学年での成績は一番良かったけれど、1クラスしかなかったから。がむしゃらに勉強をするというよりも、スポーツばかりやっていた感じです。

スポーツはいろいろやりました。小学校にバレーボールの指導者がいたので、男子バレーをやって、当時「ライオンカップ」という全国規模の大会があって、県の選手権大会に出場したりしました。

野球やサッカーにも熱中しましたね。特にサッカーが大好きで、小学校を卒業したらブラジルに留学したいと思っていました。

水島武蔵さんという『キャプテン翼』のモデルになったサッカー選手がいて、三浦知良《かずよし》選手より前にブラジルで日本人としてプロ契約した最初の選手なんですが、そのいきさつが描かれた『ムサシ17歳世界へ翔ぶ』（草鹿宏、集英社、１９８１年）という本を読んで、影響を受けたんです。

僕も武蔵のようになりたいという思いが募り、小学校を卒業したらブラジルに留学しよう、名門サントスFCに入ろうと幼いながらに決意しました。それで後先も考えずに、本当に高松空港に行こうとしたら、すぐに家族に捕まって計画は失敗しました。

私は足が速かったし、足元もけっこう器用だったので、中学にもサッカー部があって続けていれば、相当いいところまでいけたんじゃないかなって、いまだに思っています。Jリーガーとかね。ところが、進学した中学校にはサッカー部そのものがなかった。ブラジル留学どころか、中学でサッカー自体ができなくなってしまったんです。

今でも試合の中継を見て、選手がトラップしたりフェイントしたりして相手を抜く場面を見たりすると、「あの動きは小学生の時、できていたよな」って思うことがあります。

それで中学では野球部に入りました。野球も好きでしたが、ノーコンでね。球は速かったけど、投げても投げてもストライクが入りませんでした。

今、地元の隣町ではスペインに留学したり、将来、プロサッカー選手になろうと頑張っている子どもたちがいます。自分が子どもの時代はそういう環境やチャンスがなかったから、応援しているんです。今は地方に住んでいても世界に羽ばたけるチャンスがある。とてもいいことだと思いますね。

サッカーでブラジル留学まで考えていたとは驚いた。子どもらしい無謀な計画があっけなく頓挫したのはご愛敬だろう。

小学校時代の夢は国連事務総長

玉木の公式サイトに、玉木は小学校の卒業文集に「将来の夢は国連事務総長」と書いたと記されている。その夢にはどうやって行き着いたのだろうか。

玉木　実は、卒業文集に書いていたことは忘れていて、2005年に初めて衆院選に出馬した時、同級生から「玉木、昔こんなこと書いたの覚えてる?」って言われて文集を見せられたんです。

それで思い出したのが、小学校3、4年生の担任の冨村隆彦先生(故人)という方でした。この先生はカリキュラム通りに勉強を教える先生ではなかったから、生徒たちからも親たちからも評判が良くなかった。でも、私にとっては素晴らしい先生でした。

というのは、まともに授業をやらない放任主義というか、自主性を重んじる方で、生徒にかなり自由に学習させていたんです。干渉されなかったから、私は自分で本や図鑑を読み漁《あさ》り、好きなように勉強していた。

その時、アフリカの難民の写真、栄養失調で腹が膨らんでいる子どもの写真や資料を見て、自分は何不自由なく当たり前にご飯を食べられているのに、世界では同じ世代の子がご飯も食べられずに死んでいるということにショックを受けました。

この問題を解決するためには、どうすればいいんだろう、何になればいいんだろう。日本のことだったら、一番偉い人である総理大臣になるとか考えるんだろうけど、世界の課題を解決するには国連だろう。国連で一番偉い人って誰だ。そうか事務総長か。ということで、「国連事務総長になりたい」と書いたんだと思います。

忘れていたとはいえ、子どもの頃に何となく抱いた世界の課題への関心とか、貧困を解決したいという意識は、今こうやって政治家になっていることに繫がっていたのかなと思います。改めて振り返ってみてね。

2024年8月5日、広島で国連の中満《なかみつ》泉事務次長・軍縮担当上級代表とお会いしてお話をしました。今、自分が国連関係者の方とも話せるようになって、子どもの頃思い描いた夢に少しずつ近づいてきたのかなと思いました。

読書好きだったという玉木少年。多感な時期に触れた本から世界への目を開かされたというのは、貴重なエピソードではなかろうか。

グアム体験で太平洋戦争を意識するようになった

小学生の頃から「海外」に目を向けていた少年だった。その海外志向をさらに決定づけるイベントが中学時代にあったという。

玉木　常に目を外に向けていたんでしょうね。中学2年生の時、B&G財団による10代の青少年を対象にしたグアムに船で行く海外体験企画の募集があって、応募したら通ったんです。しかも、飛行機ではなく船で。確か3泊4日でした。

この経験が、後の自分の人生に大きく影響を与えました。外国に行くのはもちろん初めてで、他県の同世代の人たちに接するのも初めてでした。全国から来ていましたね。それぞれ違う方言を話す人たちがいて、新鮮でした。同じ日本でもいろいろな地域で言葉って違うんだなと実感しました。

グアムはアメリカ領で、常夏の島らしく皆、楽しそうに過ごしている感じがしました。もちろん皆、英語で話している。バーベキューとかやっても肉がデカいし、コーラもデカくて飲み放題でした。

小学校は1学年1クラス、中学校は2クラスしかなかった、そんな四国の小さな農村から出てきた私にとって、グアムは孤島とはいえ眩《まぶ》しいアメリカでした。とてもきらびやかで、豪快で、楽しそうで、何もかもが衝撃でした。

船上でダンスを踊ったりするんですが、向こうの文化からしたら当たり前なんだろうけれど、田舎の中学生はダンスを踊ったこともない。そういうのもショックだったし、でもすごく楽しかった。

新しいものに挑戦したり、広い世界に飛び込んでいくという志向は、元々そういう意識があった上に、この体験でさらに強くなっていったと思います。飛行機で行くのではなくて、船で時間をかけてゆっくり行ったのも、また良かった。

単に海外への観光旅行ではなく、世界の歴史の一端に触れたことも忘れられません。船は硫黄島の横を通っていくのですが、亡くなられた英霊に対して手を合わせて、ここで戦争が行われたということを中学生なりに認識しました。グアムにはずっと放置され続けた戦車とかも置いてありました。太平洋戦争を明確に意識するようになりましたね。
後に私は、遺骨収集で硫黄島に行くようになりましたが、この時の経験が一つの原点なんだと、改めて感じています。日米両軍とも、絶海の孤島に来て、最後の最後まで戦って、多くの人が亡くなった。その悲劇は当時の私の胸にも焼き付きましたね。

初の海外体験は、何もかもがヴィヴィッドな印象を玉木にもたらしたことが窺《うかが》われる。眩いアメリカ文化と戦争の傷跡は、確実に玉木少年の「血肉」になっていったのだろう。

初めて異性を意識したのは幼稚園の時

成績がよくてスポーツ万能とくれば、さぞやモテたのだろう。そう思って、当時の恋愛事情を訊いてみた。

玉木　子どもが「ある種の序列」で上に行くには、勉強よりスポーツができた方がいいんですよ。その方が女の子にもモテるしね。

男の子のなかでも一目置かれるのは、足が速いとか、シュートが決まるとかでした。高校ぐらいになると、学力とか、どこの大学に行くかみたいなことが重要視されるようになるんだけど、やはり年少の頃は、体力があるとか、運動神経がいいということの方が、仲間内でのアピールポイントになるでしょう。

初めて異性を意識したのは幼稚園の時でした。同じ組の女の子が可愛いと思ったのが最初かなあ。ぼんやりと「この子、好きだな」って感じですかね。

最初に女の子と付き合ったのは、小学6年生の時です。もちろん、周りにはバレますよ。田舎だから、ちょっと一緒に歩いただけでも町じゅうにウワサが広がるんです。でも付き合うと言っても、子どもだからかわいいものですけどね。全然続かなかった。たぶん1カ月ぐらいで終わったんじゃないかな。

中学生になってから、本当に異性を意識したように思います。何かをプレゼントしたり、もらったり。でも、中学校も2クラスしかないし、農村社会で親も含めて皆、知っているから、大したことはなかったですよ。

その後の高校、大学も特段モテたわけではありません。周りにあまり女の子がいなかったし。

合コンはしたことがありません。いや、一度だけ行きました。「人数が足りないから出てくれ」と頼まれて。でも、それっきり。楽しかった記憶は何もないですね。

玉木は、政策の話は饒舌《じょうぜつ》だが、プライベートのこととなると急に口が重くなる。甘酸っぱくて淡い恋バナはなおさらということか。

高校時代は安全地帯のコピーバンドをやった

周囲が一面畑の農村で育った少年にとって、初めての「都会」は、高校がある高松市だった。玉木はそこでポップ・ミュージックに出会う。

玉木　高校は県立高松高校に入学しました。自宅から県庁所在地である高松市に通いました。高徳線《こうとく》という、今でも走っているディーゼル線に乗って、1時間半くらいかけて。

高松は都会だと思いましたね。その後、大学で上京し、社会人になってからはニューヨークやパリに行ったりしましたけれど、地元から高松に出た時の衝撃の方が大きかった。世の中には、こんな高い建物があるんだって思った。

東京へ行った時よりも、地元からまず高松に行った時が一番落差を感じたんです。最初の衝撃って大きく刻み込まれるものなんですよね。「田舎の少年、都会に行く」みたいな感じで。だから、高松から東京って、それほどではありませんでした。

入学した高松高校は、みんな品がいいなというのが第一印象でした。それまで地元の中学にはいろんな人がいたけど、都会は上品な人が多いなって。みんな話せば分かるようなタイプで、高松高校に来る人は、しっかりした人が揃っているなあと感心したのを覚えています。

クラスは12クラスもあった。それまで小学校は1クラス、中学は2クラスだったのが、いきなり人が増えた。何もかもが刺激的でした。

私は軽音楽部に入って、ギターやピアノも独学、見様見真似で覚えました。通学の電車、いや電化されていないので汽車って呼んでたけど、「高徳線仲間」の同級生に、今、四国電力で働いている東幸弥君という子がいて、その東君と一緒にギターを弾いたり、私が歌ったりしていました。

東君がある時、「バンドやろうよ」って声をかけてくれたんです。「安全地帯のコピーをやろう」って。安全地帯は当時、「ワインレッドの心」とかのヒット曲がある人気バンドだった。安全地帯とともに、井上陽水もコピーしました。「夏の終りのハーモニー」は「師弟コンビ」の合作でしたよね。

今でも安全地帯、玉置浩二のコンサートは観に行きます。最近はシンフォニック・コンサートといって、フルオーケストラをバックにやっているでしょう。私は、日本の男性ヴォーカリストで最高の歌い手の一人だと思っています。あの歳になって、あれだけの声量を維持しているのはすごいと思いますね。

それから他の仲間とも一緒にバンドをつくって、作曲もしたりして。東君たちとのバンド活動は楽しかった思い出ですね。

運動部から一転しての音楽活動。ギターもピアノも独学とは驚きだ。玉木少年の「都会生活」はことさら刺激的で文化的だったに違いない。

マイケル・ジャクソンと松田聖子

高校時代に音楽に目覚めたというが、その源流はどこにあったのか。話は地元の農家に突如現れたケーブルテレビに及んだ。

玉木　１９８２年、まだ合併前の香川県大川郡寒川町（現・さぬき市）の実家で、ケーブルテレビが見られるようになったんです。農業農村予算によって各農家に整備されたものですが、今風に言うと「農家のデジタル化」みたいな話です。稲の生育情報を農家に届けるということでしたが、今思うと、いかにも無理矢理理屈をこねて組み上げた農林水産省関連の予算でしたね。本当は郵政省、今だと総務省予算が筋じゃないかと思います。

それで我が町一帯にもケーブルネットワークが整備され、家で地上波以外のテレビが見られるようになったんです。もちろん、稲の育成情報も流していたんだけど、当時始まって間もないＮＨＫのＢＳ放送が見られるようになりました。

そこで海外のコンサートとかを見られたんです。田舎の玉木少年にとってはですね、途《と》轍《てつ》もない衝撃でした。特に感銘を受けたのは、マイケル・ジャクソンです。世界には、こんなに踊って歌える人がいるのか、と。

いきなり世界の先端音楽が畑だらけの農村のお茶の間に登場してきたわけですから、めちゃくちゃインパクト大きかったです。そこから流れてくる海外のエンタメ情報に魅入られました。

マイケルが「ビリー・ジーン」「スリラー」「バッド」などを続々とリリースし、キング・オブ・ポップと呼ばれていた頃。そんな番組を夜な夜な見ていたんですよ。海外からの情報、洋楽にすっかり心を奪われましたね。

ケーブルテレビが我が家に来る前は、地上波の歌謡番組をよく見ていました。初めて買ったレコードは、松田聖子の「青い珊瑚礁」。彼女の2枚目のシングルレコードでした。今でもはっきり覚えていますよ。CDではなくて、レコード盤。アルバムが収録されているのがLP盤。一方、表裏に各1曲ずつ入っているのがシングル盤、あれEP盤って言うんでしたよね。家のステレオでよく針を落として聴いていました。

「青い珊瑚礁」は名曲で、最近だとK－POPのNewJeans（現・NJZ）というグループのハニさんが東京ドームの公演で披露していました。SNSで拡散されたのを見て懐かしく、嬉しかった。めちゃくちゃ歌唱力があって、お上手でしたね。「青い珊瑚礁」は、曲自体がアジア中で人気で、ハニさんの歌はすごく良かったので印象に残っています。

かつて地方の若者はＦＥＮで洋楽を聴いたものだが、ケーブルテレビで洋楽を吸収していたとは驚きだ。なお、ＮＨＫの衛星放送は１９８９年からである。

歌のレパートリーは新旧さまざま

玉木は歌が好きで、かつてはよくカラオケで美声を披露していた。新旧さまざまな楽曲を知っている印象があるが、どこで仕入れているのだろうか。

玉木　最近はカラオケに行くことがめっきり減りましたね。以前はユーチューブの「たまきチャンネル」でピアノの弾き語りをしていたんですが、それも減ってしまった。音楽が少ない生活になっています。

「たまきチャンネル」などでピアノの弾き語りをすると、「玉木さん、なんでそんな最近の曲を知ってるんですか」という質問をよく受けました。

タネ明かしをすると、ピアノの伴奏コードが見られるＵ－ＦＲＥＴというアプリを前から使っているんです。アプリを開くと、よく演奏されている人気曲のランキングがあって、それを上から順番に弾いたりしていました。

そんなことをしていたんで、最新の曲でも覚えてしまうこともあったんです。最近は演奏していないですけどね。

今、U－FRETの人気曲ランキングを見てみましょうか。そんなに新しくないけど、aikoの「カブトムシ」、秦基博の「ひまわりの約束」、あいみょんの「愛を伝えたいだとか」とか並んでいます。back numberもありますね。Mrs.GREEN APPLEは新しいでしょう。このような曲たちを端から順番に弾いていくんです。そんなことからVaundyさんも結構前から知っていましたね。


衆院選前も慌ただしい日々を送り、衆院選以降はさらに多忙を極めるようになった玉木にとって、音楽にゆっくりと触れる生活は当分先なのかもしれない。

杉良太郎の歌に込められた被災者への思い

歌と触れ合う機会がめっきり減ったと言う玉木だが、最近ある会で会った杉良太郎のエピソードを披露した。

玉木　24年9月30日、杉良太郎さんの「芸能生活60年・福祉活動65年　感謝の宴」に行かせていただきました。伍代夏子さんとの銀婚式のお祝いも兼ねての会でした。

会場は500人くらいの人で賑わって、ＥＸＩＬＥのＨＩＲＯさんやＡＴＳＵＳＨＩさんなどもいらしていました。

会は杉さんが6曲くらい歌ってスタートしましたが、私にとっての杉さんは私財をなげうって福祉活動をする人であり、刑務所や福祉施設や病院の慰問や、震災などが起きた時に炊き出しをする「福祉の人」というイメージがありました。

それが初っ端から歌って、それを聴いて「歌がうまい人だなぁ」と感動したんです。それで、ご本人を前にして「びっくりしました。杉先生は歌がお上手なんですね」と言ってしまったら、杉さんは大コケしていました。知らないって、怖いですよね。

1曲目が「すきま風」。これ、本当にいい曲です。それから杉さんご本人が作詞した「神様への手紙」（作曲・弦哲也、編曲・若草恵）。阪神・淡路大震災や東日本大震災、能登半島地震など被災地の支援活動を通じて、杉さんは被災者の声を聞いてきました。その声を元にして作詞したそうです。被災者の現実を歌ってから、

《神様　あなたも頼まれすぎてお疲れですか？
まさか　聞き流していないでしょうね
それともあなたは　もともといないのですか
信仰心が足りないなんて　言わないでくださいね
神様　お許しください　私　言い過ぎました
もし　この手紙を読んでいただけたら
人々の苦しみに手を　差し伸べていただきますように
今の世の中だからこそ
余計にあなたは必要とされているのです》

JASRAC出2500909-501

と続く素晴らしい詞で、聴いていると杉さんの思いが胸に沁《し》みます。その場で感動して泣いてしまいました。

会場では昔の映像、『遠山の金さん』など時代劇の映像が流れていましたが、やはりカ

ッコいいですよね。殺陣の一つひとつが勇ましくて、華麗です。

福祉活動、お芝居や歌などの芸能活動、どれも一流で、心から尊敬できる人だと思いますね。

杉さんとのご縁は元々、今は亡き政治評論家の森田実さんの紹介でした。「玉木さん、杉良太郎さんに会わせてあげるよ」と言われて、事務所にうかがったのが最初です。そういうこともあってか、この会では他にも多くの国会議員の先生がおられましたが、野党では私だけが挨拶をさせていただきました。

今後はカラオケのレパートリーの一つに「すきま風」と「神様への手紙」を加えて歌っていきたいと思っています。

時代劇ファンからすれば、杉良太郎の歌を知らない人はまずいないが、杉の芝居も歌も玉木に新鮮な感動を与えたようだ。

浪人時代は「補習科」で仲間と苦楽をともにした

東大を目指して受験したものの、現役合格とはならなかった。人生で初の挫折と言える浪人時代を、玉木はどう送っていたのだろうか。

玉木　高校3年の夏休みだったかな、何かの企画に参加して東大キャンパスを訪問したんです。実際にこの目で東大を見て、「ここに通いたい」って思いました。

そこから東大受験に舵を切ったんですが、失敗しました。他に早稲田や慶應も受けて合格しましたが、浪人してもう一度東大を受けようと決意したんです。

その頃、地元には予備校とかはあまりなかった。その一方で、高松高校には「補習科」というクラスがありました。先生がボランティアで授業を行っていて、浪人した子が1年間通える「高校4年生のクラス」があったんです。地方の公立高校には、こうした補習科が残っているところがあると思います。だから私も制服を着て、高校に4年間通うことになりました。

良かった点は、理系・文系志望者関係なく一緒に授業をやってくれたこと。志望校、志望学部の垣根なく浪人仲間が付き合う場となりました。この時の補習科は約50人。今考えると、私を含めて、ちょっと落ち過ぎだろうという気がしますね。

浪人時代は、規則正しい生活を送り、勉強に打ち込むことができました。また、私は文系だったので在学中は理系の同級生とは知り合う機会がなかったんですが、ここで一緒に授業を受けたことで、「理系友だち」ができて、刺激を受けました。この補習科で1年間ともに過ごした人たちは、今でもお付き合いしている人が多い。まさに苦楽をともにした仲間です。

地方と都会の教育風土の違いがある。公立高校の補習科の存在は、そんな地域差を感じさせる。かくして、充実した浪人生活を経て、玉木は東大に合格した。

選挙は地元の同級生が応援してくれるかどうかがポイント

玉木は幼い頃から地域に見守られて育ち、地元には数多くの友人がいた。選挙の時は、その輪によって助けられたと振り返る。

玉木　小、中、高、それぞれの同級生のつながりはとても大切だと、政治家になって改めて感じています。私の場合、そんな同級生たちが、最初の選挙の時に中心になってくれました。

今でも毎年、彼らとは会っています。お正月、1月1日の朝10時には、地元の氏神様の男山《おとこやま》神社というところに皆で集まって写真撮影するんです。

子どもができたら連れてきて、写真の輪が大きくなり、その子どもが成長して就職して地元を離れていく。過去の記憶を懐かしむというより、今のそれぞれの歴史を積み重ねていくことによって、お互い歳を取ったって改めて思ったりしてね。私自身、心が一番休まるひとときです。

選挙、特に衆院議員の小選挙区は、幼い頃の同級生が応援してくれるかどうかが大きなポイントですね。

それって地元への根づき度合いと言うのかな、なかには「あんなヤツ、学校にいたかな」という影が薄い人もいるわけですよ。小学校、中学校の頃に友だちが少なくて、周りと馴染めなかったりすると、急に出馬して「地元です」と言われても、「えっ？」ってなるわけじゃないですか。

同級生が応援してくれるというのは、当然ながら当時は「政治的な付き合い」ではなくて、純粋に仲が良かったということが前提になります。なので、同級生が応援してくれる候補者は、人間的にあまり間違いはないと言えるのではないでしょうか。

地方にはありがちな話ですが、周りの友人や親たちの評価のなかで育ってきているから、「あ、あそこの家の子ね」と言われる感じで、嘘もつけない。繕《つくろ》っても仕方ないですからね。

私の場合も「あ、玉木さんのところのね」って言えば分かるわけで、その意味では両親も祖父母も地域では知られていたから、変なことはしないだろうという目で見られていたと思います。家族や祖先には感謝しています。

その視点で言えば、24年4月の衆院東京15区補選に出馬して落選した乙武洋匡さんは残念でした。東京都出身だけど、江戸川区生まれ、世田谷区育ちの彼が、無縁の江東区で出馬したため、思った以上に票が伸びなかった。衆院の小選挙区は、地元の関係性が求められるからです。

乙武さんが今後も政治家を目指すのであれば、参院の東京選挙区とか全国比例とかの方が相応《ふさわ》しい気がします。小選挙区には向いていないと思いました。とはいえ、あの時の状況を振り返ると、再度の出馬も忍びないとも思う。彼の能力は政治家として期待できるので、そこはもう一度、本人と話し合ってみたいです。

都会と地方で違いはあるだろうが、選挙はいかに地元を大切にしてきたかが問われる場面だと改めて知らされた。

陸上十種競技を始めたのには縁があった

少年時代、バレーボール、サッカー、野球をしていた玉木だが、東大では個人競技である陸上十種競技を始めた。その理由とは。

玉木　子どもの頃から団体競技ばかりやってきました。そこでは成果も団体、結果も団体なんです。自分がいくら頑張っても、チームでダメだったらダメだった。そこになんかモヤモヤしたものがありました。

たとえば、守備で自分ではなく他の人がエラーして負けたとか、反対に皆すごくいいプレーをしていたのに自分が肝心なところで打てなかったりエラーをして負けたとか。チームの仲間とはそれをすべて共有するもので、そういうチームワークの流儀を否定はしませんが、どこかにモヤモヤモヤ感があったんです。

そこですべての結果、プラスもマイナスも自分が背負う競技を一度やってみたいと考えるようになりました。団体競技、チーム戦にはその良さもあり納得しづらい面もあるけど、一度、すべて自分の責任だけでやる競技をやってみたいなって思ったわけです。

十種競技を始めるに当たっては、実は布石がありました。高校時代、私は軽音楽部でしたが、元々走るのは速かったし、跳躍力もありました。

ある時体育の時間に、私の身体能力の高さを見た松原真一先生から、「玉木、それだけ跳べるんだったら陸上部入って陸上をやれ」と言われたんです。私は「いや、いいですよ」って断ってきました。

松原先生は、日体大陸上部で十種競技の選手をやっていたんです。高校時代は誘われても断り続けてきましたが、元選手だった人から見ても運動能力が高いと認められたことは結構自信になっていました。

後日談として、私が政治家になって地元を回っている時、松原先生は香川県の体育協会の幹部になられていました。会うといまだに「玉木はあの時、すごい跳んでたよな」って言われてます。

東大陸上部に入部し、最初は短距離をやっていました。十種競技なんて考えていませんでした。しかし、キャプテンの島本幸治さん（ソシエテ・ジェネラル証券社長）に勧められ、十種競技を始めることになったんです。「そういえば」と思い出したのが、松原先生のことでした。直接のきっかけは島本さんですが、根っこには松原先生の存在があって、これも縁だなって思いました。

人の縁とは奇なものだ。しかし、それを好転させるか、実らせるか、素通りしてしまうかは、本人次第なのだろう。

世界陸上で通訳のアルバイトをした

玉木は東大ではマジメな学生生活を送っていたと言うのだが、ふとアルバイトは何をしていたのだろうという疑問が湧いた。

玉木　バイトは時々やっていました。一つ、変わったバイトが通訳でした。1年おきに世界各国で行われる世界最高峰の陸上イベント、世界陸上が開かれ、1991年に旧・国立競技場で開かれました。そこで通訳のバイトをしたことが印象深かったですね。

陸上競技の種目を英語で言うのって、実はなかなかできる人が少なかったんです。走り高跳びを「ハイジャンプ」くらいは皆知っていますけど、たとえば、やり投げは「ジャヴェリンスロー」、棒高跳びは「ポールヴォルト」って言います。いろいろな専門用語が飛び交う場で、それを瞬時に通訳しなければいけない。陸上競技を理解していて、英語に転換できる人が少なかったので、重宝されました。とはいえ、大学の授業と陸上部の練習で日々大変でしたから、バイトはたまにしかしませんでしたね。

大学の学生生活は大変でしたよ。私は学生寮ではなく、民間のアパートを借りていました。だから、生活はとても慎ましやかでした。

先輩にはよく飯を食わせてもらったりしましたね。部活が終わった後、学生街にありがちな、安くて量の多い中華料理屋とかで。好きなメニューは麻婆豆腐でした。あそこの中華料理屋の麻婆ならご飯がいくらでも食べられたなあ。

国際会議やエンターテインメント、企業間でも通訳は専門性が求められる。それはスポーツの世界でも同じである。玉木の知られざる能力だろう。

ルーティンは腕立て伏せと腹筋

せわしない時間を送る日々、玉木には一体どんな決まりごとがあるのか。いわゆるルーティンとして何をしているのだろうか。

玉木　ルーティンは、腕立て伏せと腹筋です。もう長いですよ。だって社会人、いや大学生の時からですから。

大学時代、陸上競技をやっていて、ベンチプレスとかばかりやっていたので、大胸筋なんかもがっちり付いていました。胸囲は１００センチを超えていました。

ところが部活を引退して運動不足になり、物足りなさを感じるようになりました。でも、わざわざスポーツジムに通うことまでしたくない。手軽にできることって何かなと考えた時、一番手っ取り早いのが腕立てと腹筋だったんです。

それが毎朝起きて一番にやるルーティン、私のモーニング・ルーティンですね。今でも地方に行ってホテルに泊まっても、朝起きたら必ずやっています。

大変なことはありません。ものの10分程度で終わりますから。やらないと気持ち悪い。

回数は腕立て50回、腹筋50回。今流行《はや》りのフィフティ・フィフティ（50－50）ですね。ドジャースの大谷翔平選手が50－50を達成したので、来シーズンへの期待を込めてシックスティ・シックスティ、60回ずつに増やそうかな。

それ以外はありません。社会人になってから新たにルーティン化したものはありませんね。ただ腕立て伏せと腹筋だけはずっと続けています。

背広姿だと分かりにくいが、玉木は意外にもマッチョだ。その体型を維持するためにも、まさに継続は力なりということだろう。

妻とは大蔵省時代に出会った

10代の頃の淡い恋バナはすでに聞いたが、妻・恵理との出会いは学生時代かと思いきや、就職してからだとの答えが返ってきた。

玉木　これ、あまり言っていないんですが、妻も大蔵省（２００１年より財務省）にいました。当時主計局長で、後に日銀副総裁になって東京オリンピックの事務総長にもなった武藤敏郎さんの秘書をやっていたんです。

その時、私は主計局に異動したばかりで、廊下を飛び回って大蔵省幹部のところへ行って、文書や資料を配ったりしていました。当時は朝4時、5時まで働くから、常に疲労困《こん》憊《ぱい》。もう眠いんですよね。

ある時、どこか寝るところはないかと思って椅子で寝てたりしたんですけど、やはり思うように寝られない。そこで幹部の会議室で寝てやろうと思って探し回ったんです。打ち合わせの長椅子とかソファがあるじゃないですか。そこでゆっくり昼寝でもしたいなと思って。

探していると、妻が、「今ここは使っていないから、ここで休んだら」と言って部屋で休ませてくれたのが最初の出会いでしたね。

それがきっかけで付き合うことになりました。直感的に「この人、いいな！」と思ったんです。その後、私はハーバード大学に留学するんですが、その前に結婚しました。付き合った期間は短かったですが、籍だけ入れてね。当時私は25歳で、妻は24歳。今から考えると早い結婚でした。

留学は2年でしたが、渡米直後に妻は退職してアメリカに来てくれて、そこで新婚生活を送っていました。妻はいまだに「新婚旅行に行っていない」と怒るんです。「あの留学期間が新婚旅行だったんじゃないかなあ」と言い返すと、「それは違う」と、また怒られる。

結婚式は、ハーバード大のチャペルでやりました。学生割引きがあって、確か２００ドルくらいでした。当時のレートで2万円くらいで、助かりましたね。

そんな妻とも長い付き合いになりました。妻とのコミュニケーションは、できるだけ話すこと。だけど、家に帰ると、あまり話さないって怒られるんです。私としては話しているつもりなんだけど、妻から言わせると、「話を中途半端に聞いてる」って、よく怒られます。

というのも、テレビを見ながらとかスマホをいじりながらとか片手間に話を聞いているように映ると言うんです。なので、今は家に帰ったらできるだけスマホは見ないようにしています。

妻との話は、仕事のことが多いですね。地元の選挙区を任せているので当然といえば当然です。支援者の具合が悪いとか、あの支援者が怒っているとか。それを聞いて、「じゃあ電話を一本入れておくわ」みたいな会話をよくしています。

それから、たまに一緒に飲みに行くこともあります。そんなに頻繁ではなく、限られていますけれど。

お酒は、家ではほとんど飲まない。缶チューハイ1本くらいです。外では会食があると、お付き合いで飲みますが。

そうそう、私はあまりビールを飲まなかったんです。でも、今年はあまりにも暑くて、55歳になって初めてビールがおいしいと思いました。

元々20代から尿酸値が高くて、痛風の薬を飲んでいるんです。太っているわけではありませんが、これは遺伝ですね。それで医者からは、プリン体の多いビールは飲まない方がいいと言われ、ずっと守ってきました。

でも最近はプリン体ゼロの商品もたくさん開発されているので、飲むようになりました。加えてこの気候、猛暑の影響でしょうか、やたらとビールがうまいと感じるようになりましたね。

あまり語られていない妻との出会い。恥ずかしいのか、とても話しづらそうな表情で、はぐらかすように酒の話題に移行していったのが印象的だった。

第3章

玉木の軌跡（下）

——「改革中道」政治家として

落選は家族を巻き込む大きな挫折だった

華々しいキャリアばかりが脚光を浴びる玉木であるが、実は2005年に民主党から初出馬し、落選している。本章では玉木の政治家としての苦難の道のりとそこから得たもの、政権交代できる野党論などをじっくり語ってもらう。まず、落選当時をこう振り返る。

玉木　家族を巻き込んだという意味で、落選はとても大きな挫折でした。たとえば、受験に失敗したとか、失恋したとかいうのは個人の問題だけれど、落選というのは家族全員の環境を一変させてしまうんです。

まず、仕事が変わり、住む家もなくなりました。財務省を辞めてすぐに選挙に出たわけですが、当時は千代田区内の官舎に住んでいました。確か、退職したら1カ月以内に官舎を退去しなくてはいけなかったと記憶しています。

選挙期間中はまだ官舎に家具などの荷物とかが丸々残っていて、落選後、家族と一緒に引っ越し作業をやりました。これが一番切なく辛《つら》かった。

子どもは港区で生まれて、千代田区で育ったのに、いきなり急に、コンビニが1軒もない地方都市に引っ越しして、転校を強いられました。転校というか、当時は幼稚園児だったので、転園ですね。

お金もないから実家に転がり込んで3世代同居となりました。同居せざるを得ない状況で、妻も大変だったと思います。引っ越したからといって、私はゆっくりできるわけでもなく、朝早くから夜まで地元を回り歩く毎日で、その間、妻は、家で家事や育児をしなければいけなかったわけです。とても感謝しています。

妻は非常に常識的な人で、先に述べたように、今は地元の選挙区を任せています。ニュースで話題になった事柄などを、「普通の人の目で見てどうなの?」ってよく相談しますね。でも、政治的な判断は常に自分一人でやっています。

私は財務省を辞めて政治家に転身しようとしましたが、落選しました。その時から家族には苦労をかけ通しで、4年間浪人して、ようやく09年に議席を得たら、3年3カ月で民主党政権は終わり、野党に転落してしまった。

初当選以降も激動の15年間でした。ある人に「苦労は売るほど多くあります」と言ったら、「その経験は何億円出してもできないよ」って言われて、そういう見方もあるんだと教えられました。凹んでいる暇はないと改めて思いましたね。でも、本当にヒリヒリするような判断を求められることがたくさんありました。

地を這うような4年間の浪人生活を経て、09年に初当選を果たした。その傍らには、孤独な玉木を支えてきた家族の存在があった。

「何でも反対」の万年野党路線への危機感

2017年の民進党（旧・民主党）分裂後、玉木は希望の党代表となり、以後、政党代表を続けてきた。一議員時代と比べ、意識はどのように変わったのか。

玉木　意識が変わったのは、希望の党で代表になった17年というより、その前年ですね。3期目の最後の方で、民進党の代表選挙に出た時からです。

それまでは寝ても覚めても自分の選挙のことだけを考えていましたが、そこから自分だけじゃなくて野党全体、日本の政治全体を考えるようになりました。

その代表選に私は負けて、17年に希望の党の話が出てくるわけです。そこは繋がっているんですが、何と言っても当時まだ大きな勢力だった野党第一党の民進党代表選に、私は当時3期生、47歳で挑戦しました。そこから変わりました。

なぜ3回生で民進党の代表選に出ようと思ったのか。それは、このままでは民進党はダメだと思ったし、二度と政権を獲り返せないと思ったからです。

12年に民主党が衆院選で自民党に負けて、下野しました。私が代表選に出たのが16年。下野してから実に4年も経つんですよ。この間、一向に党勢回復の方向性は見えなかった。私が特に「これはまずい」と思ったのが、14年7月の安保法案です。

集団的自衛権を認める閣議決定が行われて、解釈改憲だといって批判が起こった。これはいわゆる戦争法だみたいな話で民主党は大反対し、共産党と関係を深めていくきっかけになりました。

12年に民主党は大敗、安倍首相はまたすぐに衆院を解散して14年12月に選挙が行われました。ある意味安倍首相にいいようにやられたわけです。

民主党は与党を経験したにもかかわらず、批判ばかりの野党へと舵を切った。もう1回政権を獲るような骨太の政策論で勝負するのではなくて、あの頃から「何でも反対路線」が息を吹き返し、しかも共産党と連携するようになってしまったのです。

元々野党経験が長かった人たちの集団なので、このまま行くと、この党では二度と政権は獲れないという危機感が私のなかに湧き起こりました。政策の軸が定まらずに、万年野党路線にどんどん傾斜していき、「これはまずい」と思ったんです。

民主党を変えなければと思ううちに、維新の党と合流して民進党が誕生しました。新しい政党になったにもかかわらず、やはり批判一辺倒の万年野党化という悪い方向に歩み始めたように見えました。それは私が望んでいた政党の姿ではありません。

そこで、民主党政権で大臣とか政府の立場を経験したことがない私の世代が立ち上がらなくてはいけないと思ったんです。すぐには無理でも、そこから次の10年を睨んで政権交代に向けた新しい枠組みをつくって、先輩たちの力も借りながら再スタートを切らなければいけない、と。そうでないと旧・民主党系の議員、政党は二度と政権が獲れないんじゃないか。そんな焦りに私は包まれていました。

それが16年の私だったんです。もし16年の時点で私が代表になって、新生民進党の方向づけができていたら、今のようなバラバラの状態にはなっていなかったかもしれません。しかし、これは仮の話でしかありません。

このままじゃまずいと思ったのは、民進党代表選に出馬した時だけではありません。20年に国民民主党を残して新・国民民主党をつくった時も、そうなんですよ。

振り返ると、17年から党は希望の党、旧・国民民主党、新・国民民主党と変わってきましたけれど、17年11月の希望の党からずっと政党の代表をやってきて、国会議員人生の約半分ぐらい党の代表という立場にいることになります。
なんとか野党のあり方を変えたい。日本の政治を変えたい。その思いは、どんどん強くなっています。

第2次安倍政権以降、数にものを言わせる自民党の驕りが指摘されてきたが、玉木の発言は、「野党の劣化」が自公政権を支えてきたとの指摘でもあるだろう。

著名人を代表にするという旧態依然

民進党は岡田克也、蓮舫、前原誠司と代表が交代した。その「知名度優先指向」は、今の立憲民主党も変わっていないと、玉木は指摘する。

玉木　私が初めて民進党で代表選に出馬した時、結局代表に選出されたのは蓮舫さんでした。しかし、蓮舫さんの二重国籍の話がメディアで報じられて党勢は伸ばせず、都議選でも民進党は負けてしまい、蓮舫さんは責任を取って代表を辞任しました。その後、代表には前原誠司さんが就任し、希望の党につながっていくわけです。

あの時の民進党は今の立憲民主党と似ています。代表には著名人を選ぼうとか、「選挙の顔」になるのは誰だっていう選択をしてきた。しかしこれは、絶対に失敗するんですよ。もちろん、選挙が差し迫った時、「選挙の顔」選びは重要です。衆院選は、政権選択選挙であり、党のトップがこの国の首相に相応しいかどうかを有権者が考えて投票するわけですから。

当然、政治家として知名度はあった方がいい。それは分かり切っています。しかし、世論調査の数字を見比べて、「選挙の顔」は誰がいいか、著名人になってもらおうなどというのは、いかにも万年野党の考えることですし、有権者の方を向いていない失礼なやり方だと思います。

それ以前に、まず党の指針をしっかりと定め、揺るがない党の方針を掲げ、そのトップには誰が相応しいのかを選んでいくことが大事ではないでしょうか。こうした手順こそが、政党として、有権者に向けて誠実な対応なのではないかと思うんです。

江戸後期の肥前平戸藩主で『甲子夜話《かっしやわ》』の作者でもある松浦静山の言葉「勝ちに不

思議の勝ちあり、負けに不思議の負けなし」（『剣談』）が思い浮かぶ。ブレない信念こそが政治家には大切だと玉木は言いたいようだ。

初めて明確に「改革中道」の路線を掲げた

17年に誕生した「希望の党」。結果的に保守とリベラルを分けるリトマス試験紙となり、希望の党は尻すぼみとなっていった。

玉木　希望の党設立に関しては、その動向をまったく知りませんでした。当時、私は民進党内で無役のヒラ議員でしたから。

前年の代表選で私は負け、蓮舫さんの体制になった時には野田佳彦さんが幹事長となり、私は野田さんの下で幹事長代理を務めていました。だから、蓮舫代表時代は党の意思決定に近い位置にいたので、ある程度の流れは把握していました。

しかしその後、前原誠司さんが代表に選ばれた後、私はヒラとなったため、水面下で小池さんと前原さんが相談していたことなど何も聞かされていなかったし、まったく知らなかったんです。

それこそある日突然、社長が「みんなで希望の党へ行くぞ」と言ったから、「そうですか」と付いて行くことになったようなものです。私は、はっきり言って無所属でも良かった。

先日、立憲民主党幹事長に就任した小川淳也さんが、当時は前原代表下の役員室長でした。その小川さんが真っ先に希望の党へ行くということになっていました。当時、地元紙の『四国新聞』には「小川は希望へ　玉木は無所属か」という見出しで報じられている。今では信じられないですよね。

私は正直、無所属でも勝てる自信があったので、どちらでもいいと思っていたんですが、「比例の枠も増やさないといけないだろう」とは思ったので、言わば「お付き合いのような感覚」で希望の党に移ることにしました。

ただ、政策的に見れば、私自身は安全保障をはじめ各政策が現実路線だったし、教育国債は当時から訴えていて、今言っていることとほとんど変わっていません。なので、自分の主張とほぼ合致している希望の党は、気持ちの上で移りやすかった。

希望の党は小池さんの「排除発言」を経て衆院選に突入していきましたが、選挙が終盤に近づけば近づくほど票が減っていく感じがしました。まさに正面から逆風を受けている感じで、本来なら当選するはずの人が数多く落選してしまったと思います。

とはいえ私は、浪人時代に地元をよく歩いていたことから、自分の選挙では私が何党であろうと応援し支えてくれる人がいたので、あまり影響はありませんでした。

選挙後、小池さんが代表を辞任して、新たに代表選を行うことになり、私と大串博志さんで競ったんですよね。

大串さんは、どちらかというと新しくできたばかりの立憲民主党への合流路線を掲げていました。私は、周りから「わざわざ火中の栗を拾わなくても」とも言われましたが、安全保障などで現実路線を目指していたなかで、せっかくできた希望の党を育てていきたいと思ったので出馬し、代表に選ばれました。

衆院選で希望の党が誕生したけれど、参院には民進党が残っていたので、できるだけ合流していこうということになり、協議も始めて誕生したのが旧・国民民主党でした。

この時、初めて明確に「改革中道」の路線を掲げました。左に寄り過ぎない。突き詰めて言うと、いつか必ず政権を担える政策を掲げる政党でやり続けたかったということです。言い換えれば、万年野党にはなりたくない、と。

09年の民主党政権発足以降、前項の民進党時代も含め、波乱万丈となった政治史の一端が、玉木という存在を通じて垣間見られたのではないだろうか。

選挙を政治家の就職活動にしない

絶えず逆境のなかで、難しい政治判断をしてきた玉木の意志は、どのようにして醸成されてきたのだろうか。その肝は「選挙に強くなること」だと言う。

玉木　希望の党に行くか行かないか、代表選挙に出るか出ないかというのは、最終的には全部自分で決めています。その際、決める時に大事な前提は、自分自身が選挙に強いということです。

そうでないと、ちょっとしたことでも、「これを発言したり、これを決断したら票が離れるんじゃないか」とか「次は落選してしまうのではないか」となり、自分の心に向き合った決断ができなくなるからです。

よく「天下国家は逃げない」と言われます。だから、まず足元をしっかり固めて、選挙にきちんと強くならないと、天下国家の議論はできないし、すべきではないんです。

私の場合、05年に初出馬して落選して、4年間もの長い期間、地元を歩く時間をいただきました。

毎日、不安や焦りと葛藤しながら、地元の皆さん一人ひとりの顔を見て話をし、地元で皆さんは本当は何に困っているのか、それは日本全体が抱えていながら見過ごされてきた問題なのではないか、この状況を前にして自分は政治家として何をすべきなのか、そういったことを問い続けました。このことが、後の私の骨格を形成し、血となり肉となっていったと思います。

国民民主党になって、「いや、もうちょっと大きい政党に移った方がいいんじゃないのか」と周囲から言われることもよくありますが、一つひとつの選択、決断は自分の心に偽っていないし、自分の思想信条に嘘をついてない。結果、正しい判断をしてきたと、私は思ってます。

自民党の総裁選、立憲民主党の代表選で候補者がそれぞれ言っていたことって、国民民主党が言ってきたことにものすごく近いですよね。

立憲民主党は設立当初、原発ゼロを掲げていたけれど、現実的にやんなきゃいけないと、変わってきている。こちらからすれば「でしょう？　そんなの前から私たちが言ってきたことじゃないですか」ってことだし、今は安保法制にしたって、野放図はダメだけど、やはり集団的自衛権を一部認める必要があるとなっている。

一方、自民党だって政策活動費廃止とか、そんなの私たちが前から言ってるだろうってことですよ。私たちが間違っていなかったことを与党と野党第1党が証明してくれているようなものだと、改めて思います。

選挙のことを考えれば、小さな政党にいるとか、ましてや党首を務めているというのは、なかなか厳しい政治的な選択ですが、ただやはりそこまでしても正論を貫きたいんです。

私たちが国民民主党をつくって4年になります。やせ我慢に聞こえるかもしれませんが、「選挙を政治家の就職活動にしない」というのが、私たちが結党した時の理念なんですよね。

というのも、あの時、希望の党だ、立憲民主党だと、右往左往する人たちをあまりにもたくさん見てきたからです。

もちろん生き残ることは必要かもしれないけれど、そこには「国民目線」がない。常に「自分目線」になっている。自分がどうやったら当選するか。そのためにはこれまでの主義主張、自分の信念を簡単に曲げてしまう。それって、とても見苦しいと思いませんか。

だから、有権者である国民の目からすれば、自民党だけじゃなくて、野党に対しても信頼が集まらないのではないかというのが、私の率直な思いです。

私は「貫く政治をしよう」と言って、決断をしてきました。２０２０年に、新・立憲民主党に合流せずに、新・国民民主党をつくることを決断するわけですが、この直前、仲間だった泉健太さんにも止められました。

でも、悩んで悩んで、なぜ、新・立憲に合流せず、新・国民設立を決断したかというと、いつか必ず政権を担いたいという「覚悟と自負」があったからです。「自分目線」で自分の首を何とか繋ぐという選択肢もあるんだろうけど、政治家として潔くないよ、そんなのは。

玉木の「選挙を政治家の就職活動にしない」は、全政治家に贈るべき言葉だろう。「自分目線」の政治は、もはや有権者の信頼は得られないのだ。

「中道的作法」は一つの積極的な価値である

国民民主党は「改革中道」を謳っているが、昭和の政治を知る人からは、「また民社党かよ」と一笑に付す声も時に聞こえる。政治史と現在の状況を往還して見て、玉木はどう捉えているのだろうか。

玉木　中道イコール民社党というイメージは、いまだに多くの方に強く残っているようで、確かによく民社党を引き合いに出して言われます。しかし、私たちの考える「中道」は、これまで言われてきたものとは少し違います。

中道政党は、右から見たら左、左から見たら右と受け取られて、中途半端だと言われることが多い。また、双方の意見を足して2で割るのが中道だと思われがちです。しかし、決してそうではありません。

「中道」はもともと仏教用語で、極端な立場や行動を避け、調和を大切にする生き方を指すものです。旧・国民民主党を結党した時、共同代表を務められた大塚耕平さんはこう記しています。

《中道とは足して2で割ることではない。多様な意見や事実に真摯に向き合い、熟議を尽くして現実的な答に接近する思考と議論の作法である。「改革中道」は中道的作法を重んじて日本を前進させる》

改めて読むと、今の我が党の「土台」となる考え方だということが分かります。イデオロギー対立で進まない議論に時間を費やすのではなく、国民が直面している問題に現実的に向き合い、具体的な解決策を示そうという態度です。まさに結党当初の思いを我々は実践しているのです。「中道的作法」自体、一つの積極的な価値であり、それは保守の本質でもあるのです。

また、「改革」と謳うと、国民民主党は新自由主義をめざすのかと言われそうですが、それも違います。めまぐるしく転換する時代の変化に対応し、成長をめざしますが、国民の皆さんが安心して納得できる社会づくりが前提です。

加えて、伝統に対する敬意も大切にしています。長い歴史の上に成り立っている日本の伝統や文化を守ることは保守の神髄であり、成長に欠かせないものだからです。

そう言うと保護主義的に見られそうですが、今も残る伝統や文化は、その時代時代の中で変化や成長を繰り返して残っているものです。

先人の知恵に学び次の世代に引き継いでいく。一方でＡＩなどの先端技術に遅れをとらないように、成長の道筋を模索し、多くの国民が豊かで安心して暮らせる社会をつくる。これに尽きると考えています。

民社党とは似て非なる改革中道政党は、保守の矜持を持ちながら、国民に寄り添った経済政策を掲げることで大衆のニーズをつかみ取り、躍進を遂げたのである。

「ブレる玉木」という評をどう受け止めるか

これまで永田町では、「軽い」「優柔不断」など、玉木評にいいものが聞こえてこなかった。このような批判的な声を本人はどう感じているのだろうか。

玉木　やっぱりモノの見方って、誰が見るか、どの方向から見るかによって違う。これまで、メディアも含めて多くの人が、「立憲史観」の影響下にいたように感じます。希望の党は、小池さんの設立会見であれだけ持ち上げられたにもかかわらず、「排除発言」によって全面的に悪者にされてしまい、救世主のように現れた立憲民主党がすべて正しいという流れになりました。

私は別に希望の党に行きたくて行ったのではなくて、当時の民進党の機関決定でそっちに行けと言われただけです。でも、あっち行ったりこっち行ったりするのはおかしいだろう、と思っています。

私はずっと決まったことに従ってきただけなんですが、急に正統性の軸を左に振って立憲民主党が正義みたいになり、「お前は右だ」と言われる。だけど、いやこれ、希望の党と一緒になるのって、みんなで決めたことなんじゃないのと思っています。

しかも合流問題では、「ブレる玉木」みたいに言われました。だけど、「でも皆さん、今まで言ってきたことと違うことを言っていいんですか」と思ってきました。

たとえば、支援をいただいている組合のなかには、原子力発電所の現場で働いたり、あるいは原子力関連産業に機械を納めていたり、そういうところで働いている労働組合の人たちもいます。なのに、原子力そのものを絶対的に断罪して原発ゼロを掲げる政党に移ったら、組合から支援を受けている議員は、組合に対して説明ができない。

だからこそ、現実的な解決策にしていかないとダメだと言い続けてきたんです。たぶん我々が国民民主党を残していなかったら、一部の組合は自民党支援になっていたのではないでしょうか。国民民主党は、労働者のための最後の砦《とりで》だったと思います。だからこそ、現実的に考え、現実的なことを言う。働く者、生活者の立場に立つ私たちが残らなければいけない。

もちろん、東日本大震災が発災して以降、原発依存から脱しようという方向性を掲げるのは分かります。だけど一方で、今やＡＩの出現以降、データセンターの電力需要はすごく増えている。

しかも、ロシアがウクライナに侵攻して以降、自分の国で他国に頼らずにエネルギーを自給できるようにしようという流れのなかで、今の日本社会で原発ゼロはどう考えても無理です。

結局、代表選以降の動向を見ていると、立憲民主党も私たちが言ってたことにだんだん近づいてきているんですが。

立憲民主党はある種のブームになったし、持て囃《はや》されました。共産党と繋いでいくために、原発ゼロは共通テーマの一つとしてあったのだと思います。

もう一つは安保法制反対、憲法改正反対という旗を立てて共産党と繋いだがために、中道で常識的な我々との鎹《かすがい》がなくなってしまいました。

我々も、立憲民主党の方向にすべて合流していく選択肢はありましたが、自分の心と方針、今まで言ってきたことと異なることを言わざるを得ないので、合流しない道を選んだわけです。

何より、立憲民主党の路線では政権が獲れないと思ったんです。特に外交・安保とエネルギー政策について、立憲は左に振り切りましたから。

でも、今は政権を獲ると言って右に戻ってきています。であるならば、最初からその方向を示していれば良かったのではありませんかと言い返したいですね。

玉木は、批判や悪評にいちいち反論せず、耐えてきた。悔しい思いを吐露するなかで、揺るぎない信念を自ら確認しているようにも見えた。

選挙に弱い人に合わせたために、野党が劣化した

立憲と国民の合流話が持ち上がった際、議員たちは何を考えて行動したのか。また、支援団体はどのように動いたのか。その政治行動の本質的な問題は何か。玉木が率直に明かす。

玉木　立憲民主党と国民民主党の合流話は、20年9月です。その背景には、この秋には選挙があると周りがバタバタしていたことがありました。ところが、大騒ぎしたけど1年間解散はなくて、結局21年10月31日の投開票で衆院選が行われたんです。

でも当時は、「秋になったら選挙があるぞ。でっかい塊にならないと比例で通らないぞ」って半分脅しをかけてきて、旧・立憲民主党に集約しようとした。

残念だったのは、支援団体の連合が自分たちの傘下にさまざまな産別を抱えているの

に、現実路線ではない綱領をつくった立憲民主党にすべて寄せようとしたことです。

当時の神津里季生《こうづりきお》会長と相原康伸事務局長がもう少し丁寧に、電力や電機などの組合の人たちの話を聞いてくれていたら、と今でも思っています。事実、産別労組の一部が「原発ゼロだとちょっと行けませんよね」と言っていたわけだから、神津さんたちが立憲側に対し「もう少しマイルドな表現にできないか」とか煮詰めてくれればいいのに、と思いましたね。でも、今でも立憲の綱領に「原発ゼロ」は残ったままです。

一方、国会議員にしてみれば、選挙で我が身の当落を第一に考える人がいます。選挙に弱い人たちは、そりゃ向こうに行きますよね。以前、大島敦さんが指摘していたと記憶しているんだけど、「野党に転落してから民主党系政党が弱くなったのは、常に選挙が弱い人に合わせて決定したり党運営をしてきたからだ」と。

つまり、比例復活枠はどっちが多いかという観点ばかりで、とにかく比例での当選者を増やすために、政策そっちのけで合流しなきゃいけないという話に向かっていったわけです。しかし、議員が選挙に強ければ、仮に無所属になろうが勝てるんですよ。

そういう大きな塊というのは、議員が受かりやすい器、政党づくりを目指してきたということで、言い換えれば野党がこの間やってきたことは、国民のためというよりも「我が身のため」という選択でした。これこそが野党を弱くしたんだと、私は思います。

どこかを足したら、共産党を足したら、これだけ票が入るみたいな計算ばかりをやってきた。そんなことをする暇があるなら、特に新人には、地元を歩けと言いたいですね。有権者との間に人間関係をちゃんとつくって、「お前が何党に行こうが応援してやるぞ」と言ってくださる皆さんをどれだけ見つけて支援者としていけるかですよ。党として何の指導もせず、それどころか選挙に弱い人に引っ張られていったために、だんだん野党が劣化していったと感じています。こんなことを言ったらまた怒られてしまいますが、実際にそうだと思います。

議員も支援団体も、選挙を前に浮き足立ち、焦って立憲民主党と国民民主党の合流に向かっていたこと、それは国民本位ではなく議員本位の政治であることがよく見えた。

「比例復活」が「我が身のため」の議員を生んだ

有権者そっちのけで「我が身のため」にやってきた野党。その原因は現在の小選挙区比例代表並立制という選挙制度にあると言う。

玉木　比例復活という制度がなければ、また立憲民主党が比例復活に頼ることがなければ、現在のように野党がバラバラになることもなかったと思っています。

比例があるからみんな、より大きな勢力に移ろうと思うんで、小選挙区制1本だったら選挙区で勝つしかない。四の五の言わずにね。

今の小選挙区と比例の組み合わせの「小選挙区比例代表並立制」は、少数野党の救護策として、もちろん自民党もですけど、中選挙区から小選挙区へ移行するなかで、1996年の衆院選から導入されました。比例と組み合わせて小選挙区と比例代表ブロックはカバーしている範囲も異なるので2人受かったり、また、落選した人が救われる仕組みでもあったわけです。

小選挙区のみだと、51％で当選した候補者に対し、49％で落選した候補者の得票は「死に票」となってしまう。49％の民意を反映する意味で、比例復活には意味があります。

ところが、その弊害も大きかった。野党の現職や候補者のなかには、どうやったら比例復活するんだとか、最初から小選挙区で勝つ気がない議員が生まれてしまった。これが一番大きな問題で、野党を弱くしましたよね。

だから今後は、政治資金規正法の再改正とともに、公職選挙法の改正、そしてその先に選挙制度改革が必要なんです。

選挙制度改革は、完全小選挙区にするか、あるいは新たな中選挙区にするかのどちらかだと思っています。

連記制中選挙区制度にするようなことは、民主党政権の末期にも私も検討したことがありましたし、協議したことがあります。自民党の園田博之元官房副長官がまだご存命の時で、議論した経緯もありました。

連記制というのは、3人区の中選挙区で7人立候補者がいたとします。自民党から2人、公明党1人、野党は4人とでもしましょうか。自民党のAさんはいいけれど、Bさんは信じられない。野党のCさんの主張はいいけど、他の野党候補は心許《こころもと》ない。となれば、AさんとCさんの2人の名前を書くといった具合で、人物評価ができる仕組みです。

小選挙区というのは、結局その党の看板で選んでしまいます。その弊害としては、政治家として相応しくない人も当選させてしまう可能性があります。党に公認さえされれば人物評価されずに当選してしまうことがあるのです。

たとえて言えば、袋ごとコーヒー豆を買うような感じとでも言うのでしょうか。ラベルを見て、外の袋のマークが自民党だから買ったけど、袋を開けてみたら腐っているコーヒー豆も混じっていたりするわけです。でも中選挙区というのは、1粒1粒のコーヒー豆を選ぶ制度です。同じ袋のなかにあってもね。

完全小選挙区にするのだったら、与党も野党も党内予備選のルールを定めることが大事だと思います。そうしないと、たとえ公募で選んだ候補者だとしても、実はとんでもない人だったということがあり得るからです。しかも一度勝ってバッジを付けてしまうと代えにくくなる。既得権益になってしまいますからね。

比例復活は「死に票」を減らす意義がある一方で、政権交代可能な2大政党制からは大きくかけ離れ、野党を弱体化させてきたと言えるだろう。

共産党と組んでいては政権交代はあり得ない

他の野党とはどのような連携をしていけばいいのか。常に政権交代を視野に入れてきた玉木が衆院選前に語った「新しい枠組み」とは。

玉木　次に選挙をしたら我々の党の議席は増えると思います。若い人材も手を挙げてきているので心配はしていません。ただ、一気に政権を獲れるかというと、まだ力不足は否めないので、それをどうしていくかということになるでしょう。戦略的な取り組みが必要になってくる。

そのためには、時代も変わってきているから、支援団体となっている連合も変わらなければいけない。新しい時代を彩る政治は政治家しか決められない。なので、政治家、政党が決めたら、それが連合の大きな方針に反していない限り認めてほしいし、付いてきてほしいと言っています。

と言うのも、連合が政治判断できるわけではないですから。特に今、変化の時代ですから、時代をリードするのは常に政治家であり政党です。我々が決断しない限り、連合がどうこう言っても政治判断の主体ではない。そのことは芳野友子会長もよく分かってくれていいます。

働く者や生活者を第一に考え、左右の全体主義には陥らない中道路線をきちんと踏んでさえいれば、我々が決断した政治判断には理解と協力をしてほしいと常々言っているんです。

その上で、私は立憲民主党代表の泉健太さん（当時）に言っているのは、「もし今、野党の勢力で政権を獲るということであれば、我々、政策的に比較的近い日本維新の会の一部、そして立憲の中道の人たちが結集して、プラス無所属の人も加えながら、場合によっては都民ファの都議の皆さんとか、そういう人たちで『新しい枠組み』をつくるしかない」と。

しかし、今の立憲民主党に所属する議員全員は難しいですよね。よく立憲は割れた方がいいという声も聞くんですが、割れないに越したことはありません。でも、国家の基本運営に関する方針をめぐって相容れない人たちが、数合わせだけで同じチームにいても建設的な議論はできずに内紛で疲弊するだけです。それはイコール政権を担えないということです。

政権を担わないということであれば……たぶん共産党も担う気はないでしょう。だから、この先何年野党の路線で行くのか、現実路線で政権を目指すのか、整理する必要があると思います。

もし今の自公政権に代わる政権の受け皿を担おうということであれば、我々がよく言う3つの大きな基本政策、「外交安全保障」、「原発を含めたエネルギー」、そして「憲法」。この3点の基本的な考え方を整理した上で、野党再編をしなければダメですね。

私が事あるごとに言っているのは、決して共産党が嫌いだからではないんです。現実的な政策をやろうとしたら、共産党の政策と合わなくなるわけです。

選挙から入っていくのか、政策から入っていくのか。もっと言うと、政権を担うという大きな目標から入っていくかによって、野党の構えは違ってきます。

選挙ばかりを考えて、別に政権を獲る気もなく、政策も何でもいいやと思う人は、共産党と仲良くして、とにかく小選挙区で与党と1対1の構図にして勝ちやすくする。この道を今まで立憲は選んできたわけで、それを続ける人たちと組むわけにはいきません。

自民党が「政治とカネ」問題で自浄作用がないということだったら、やはりもう一つの政権を担える政治勢力の結集が必要でしょう。そういうところから始めるのであれば、アメリカとの関係も現実的にやらなければいけないし、いきなり原発をなくせないし、憲法の議論もちゃんとしなきゃいけない。そうなると共産党は、残念ながら自然と外れていくわけです。

たとえば、政権交代を登山に置き換えてみましょう。Aルートで登っていっても、いつまで経っても政権交代という頂上には着かない。どんなに登るスピードを上げても、階段を何段も飛び越し山道を駆け上がっても、たどり着けない。実は、そのルート自体が頂上へは行けない道だからです。共産党と組むのは、まさにこのAルートと言えるのではないでしょうか。

政権交代という頂上を目指すにはBルートかCルートしかない。今の野党が政権を獲ろうとするならば、最初からBかCのルートで登りましょう、と提案しているんです。やはり野党再編しなければダメですね。これは何も我々の政策に合わせろと言っているのではありません。それくらいの政策を掲げ、覚悟を持たないと政権なんてとても獲れませんよと言っているんです。

玉木は、政治家同士の踏み込んだ話し合いの中身を披瀝《ひれき》してくれた。冷徹な判断を持った極めてリアルな内容といっていいのではないだろうか。

泉健太は和を大切にする「いい人」だが…

立憲民主党代表選の告示前に、民主党、民進党、希望の党、旧・国民民主党で一緒に汗をかいてきた泉健太について訊いた。

玉木　泉健太さんはこの3年間、倒れかかった立憲民主党を立て直してきた立役者です。

今は党は違えども、民主党、民進党、希望の党、旧・国民民主党でともに歩んできた仲間ですから、折に触れ、情報交換をしてきました。

泉さんは私の言ったことに対して理解は示すんだけど、党内を押し切る力がないように見えます。外から見て残念に感じています。

野党第1党のトップなんですから、野党再編、政権交代という大きな絵を描いて党内を説得してはどうかと言いたいですね。もし仮に私が野党第1党の代表だったら、「次の衆院選で絶対政権を奪う」とブチ上げて、政権を担う枠組みをつくると訴えますよ。「そのためには、国民民主党や日本維新の会の皆さんと一緒にやっていかなければならない」「こういう政策でやっていきたい」と旗を立ててね。ミッション型とか枝葉末節の話ではなく、でかい政策でやろうと掲げるべきだと思うんです。

これまでの立憲民主党の政策とズレが生じている部分が出てきたら、今からでも、たとえ2週間でも缶詰めになって政策を練り直すべきでしょう。それである程度方向性を示すことで、「私たちの政策はこれです。私たちに政権を任せてください」と訴えることができる。

それで他党に配慮するんだったら、たとえば「玉木さん、あなたが総理をやってくれ」とか「馬場さん、総務大臣やってください」とか、外交・安保やエネルギー政策など、基本政策の方向性を一致させ、「こういう陣容でやるから次は期待してほしい」と訴え、堂々と選挙を戦えばいいんです。

泉さんは人間的にとてもいい人です。だから、泉さんを嫌いな人はいないけれど、好きだっていう人も少ない。強烈な個性で引っ張るのではなく、和を大切にした、いい人です。でもいい人過ぎて、泉さんの個性が薄れているのではないでしょうか。実にもったいない。

私の場合、たとえば今の国民民主党をつくる時は大変な軋轢《あつれき》が生じました。今までの人生のなかで最大の決断だったと思います。しかも「茨の道」だったしね。でも、信念を通してやりました。自分の選挙で有利か不利かではなく、この国にとって何がいい選択なのかを判断したのです。これ、実は胆力がいることなんです。

立憲民主党の代表だった泉に対して、厳しくも温かい目で見守り続けたのは党内の議員ではなく玉木だったということは、哀しい皮肉と言うしかない。

榛葉賀津也幹事長は一番の相談相手

国民民主党の「二枚看板」として注目を集めるようになった榛葉賀津也幹事長。個性豊かな榛葉を幹事長に抜擢した経緯を明かす。

玉木 実はそれまで榛葉さんとは、民主党、民進党で一緒の仲間ではあったものの、あまり接点はなく、話したこともありませんでした。

そんな榛葉さんを幹事長にしたのは、参議院が大事だと思ったのと、中道勢力を大切にしなければいけないと感じたからです。

旧・民主党には左の人が多かったんですが、榛葉さんは防衛副大臣をやったり、中道保守を体現する人で、思想的にもそうです。私が衆議院で榛葉さんが参議院だったためあまり接点がなかったのですが、私と思想信条が似ていていると感じたため、躊躇なく幹事長をお願いすることにしました。

加えて、労働組合の産別出身の参議院を束ねていたので、党運営に関しては極めて大事な存在だと思ったわけです。

それから一緒に酒を飲み、党の今後について話し合う仲になりました。酒が入ると面白いおっさんですよね。今では一番のよき相談相手です。

国会議員にとって、なかなか相談相手を見つけるのは難しいことです。それぞれがライバルであったり、選挙区によって事情が違いますからね。特に、民主党が下野して以降は、仲間だった人が違う党に移ったりしてしまったので、誰彼構わず容易に相談するなんてことはできませんでした。

やはり、苦労をともにして歩んでお互いを知ってこそ、真の相談相手になっていくものだと思いますね。

結果的に榛葉さんが幹事長でとても良かった。あの時、榛葉さんしかいないと判断したことは、間違いではありませんでした。

記者会見や街頭演説は、党の公式ユーチューブ動画で見られます。今やサポーターの皆さんはじめ、動画を見ている人たちからの「榛葉人気」は絶大なものになっています。動画の再生回数も、私の「たまきチャンネル」より、榛葉さんの方が多いことがしばしばです。私も負けずに頑張らなければと思っています。

何しろ我々は真面目で、元財務省の古川元久代表代行や、元日銀の大塚耕平さん（24年4月、名古屋市長選立候補のため離党）など、優秀な経済のエキスパートをはじめ、政策立案についてはそれぞれ専門知識を持つプロ集団です。国民民主党は「玉木の個人商店」などと揶揄されますが、そんなことはありません。

しかし、広報PRが苦手な人は多い。そのため党設立以降、私が宣伝マンも兼ねて前面に立ってきたため、周りは私を批判の対象としたがるのでしょう。そんななかで、榛葉さんの存在感が増してきたことは嬉しいし、頼もしい限りです。

私と榛葉さんは今や国民民主党の「理念の柱」となっており、党の「二枚看板」として欠かせない存在です。

確かに、榛葉は今や国民民主党の二枚看板として存在感を増した。玉木が榛葉にいかに信頼を寄せているかが伝わってくる。

日本維新の会の共同代表の前原誠司に「モヤモヤ感」

24年12月12日、臨時国会の補正予算採決で、日本維新の会が賛成に回った。「教育無償化」に関して一歩前に踏み出したからと言うのだが——。

玉木　衆院本会議で補正予算案の採決が行われました。「１０３万円の壁」「ガソリン暫定税率廃止」の2点について自公と我々国民民主党の3党の幹事長が合意文書を交わしたことで、国民民主党は賛成に回り、補正予算案は可決し、参院に送られました。

野党では我々だけでなく、日本維新の会も賛成に回りました。かつて行動をともにしていた前原誠司さんは、今や日本維新の会の共同代表です。

前原さんは、23年11月まで国民民主党の代表代行を務める仲間でした。

我々は、与党に「トリガー条項」の凍結解除を求めていました。トリガー条項は、ガソリンの全国平均小売価格が3カ月連続で1リットル当たり１６０円を超えた場合、ガソリン税53・8円のうち、「当分の関税率」として上乗せされている25・1円が免除される制度で、発動されれば、1リットル当たり約25円安くなるというものです。しかし、11年に発生した東日本大震災の復興財源を確保するためトリガー条項は凍結されたままになっていました。

ガソリン価格が高騰した状態が続いていたため、与党に凍結解除を迫っていたのです。当時の岸田文雄首相がガソリン税の一時的な引き下げを検討すると言及したことを受け、22年2月、我々は与党の当初予算案に賛成しました。しかし、前原さんはこれに異を唱え、採決の本会議は欠席しました。

23年9月の国民民主党代表選で前原さんは私と一騎打ちとなり、私が再選されました。敗れた前原さんは「離党はしない」と明言したにもかかわらず、この年の11月末、元滋賀県知事の嘉田由紀子参院議員、斎藤アレックス衆院議員、鈴木敦衆院議員とともに離党届を提出しました。12月には新党「教育無償化を実現する会」をつくったのです。

新党設立から1年も経たないうちに、衆院解散で衆院選となった途端、前原さんたちは維新に合流しました。

衆院選後、維新は議席を減らした責任を取って馬場伸幸代表は辞任し代表選が行われ、吉村洋文大阪府知事が就任しました。その吉村さんの指名で、前原さんが共同代表となったのです。

今回維新は、看板政策の「教育無償化」をめぐり自民、公明両党が3党による協議体の立ち上げに応じたとして、補正予算案の賛成に回りました。

文書を交わしての合意ではないのに補正予算案で賛成した。あれはすり寄りではないのかなと、我々からすると、おやっと思いました。この程度の合意で賛成に回るのであれば、22年の補正予算案の時も退席せずに賛成してくれても良かったのではないかと、正直感じました。政策実現のために、他党とは政策本位ですべて等距離で接していきますが、ちょっとモヤモヤってしました。でも、政治家なんで等距離で行きます。

政局絡みのさまざまな臆測が飛び交っていますが、我々は国民の皆さんと選挙で約束した「手取りを増やす」政策にこだわり、「178万円を目指して」引き続き頑張っていきます。

民主党時代から「同じ釜の飯」を食ってきた前原に対する思いは複雑だろう。しかし玉木は、政策実現が何よりの優先事項だと強調した。

社会の感覚と自分の感覚がズレ始めたら政治家を辞める

他党から「玉木の個人商店」と揶揄する声が聞かれるが、後継者育成についてはどう考えているのか。そして気になる引退後は?

玉木　最初にお断りすると、国民民主党は決して私が好き勝手に運営している政党ではありません。政策立案をはじめ、さまざまな物事の決定は手順を踏んでやってきています。ガバナンスはしっかりした、というより、かなり厳しい政党だと思います。

政策的に見ても、人数は少ないにしても各ジャンルでのプロフェッショナルが揃っています。「対決より解決」を掲げる党としては、それぞれが専門性を高めていく必要がありましたし、皆が進んで政策を練ることに邁進してきました。

そのなかで、経済政策に強い国民民主党というイメージがあります。結党当時から一緒にやっていた大塚耕平さんは元日銀マンで、大蔵省出身者には古川元久代表代行と私、そして現在は和歌山県知事をしておられる岸本周平さんもいたので、そのイメージは強いと思います。

現在も党として「手取りを増やす」を政策の軸に掲げていますから、今後も経済、金融、証券といった分野に強い人材を強化していきたいと考えています。

また、これからますます社会保障は重要になってくるので、医療、年金、介護に詳しい人材が仲間に加わってもらいたいと思っています。24年の衆院選では18人の新しい仲間を増やしていただきました。それぞれが個性的で専門性を持ち、今後に期待したいです。

たとえば、福田徹さんは救急医療のスペシャリスト。石井智恵さんは医療、福祉現場で働きながら女性支援活動を10年間行い、孤立・孤独問題にも取り組んできました。深作へススさんは米国連邦議会下院議員の下で外交政策を担当した経験を持つ国際派。皆さんのさまざまな経験、知識は、今後の国民民主党の政策づくりに厚みをもたらしてくれるものと信じています。

つまり今はまだ小粒だけど、ピリリと個性が際立つプロフェッショナル集団というのが我が党の姿と言っていいのではないでしょうか。

いずれ私も榛葉さんも党の要職から一歩下がり、そしてバッジを外す時がきます。しかし、我々が積み上げてきた「国民の生活を豊かにする」という理念は引き継がれていくものと確信しています。

そしてバッジを外したら、野菜を作りたい。田んぼを耕したりね。私は華美な食べ物を食べるグルメではないし、ブランド物にも興味がない。それより、夫婦で食べるくらいのものは自分で作って食べていく生活を送りたいですね。

それから、時々世界を回っていろいろな人たちと話をしたい。そのためにはもう一度、英語を学び直したい。英語以外の言語も学びたいなあ。畑でなすびなんかを作りながら、フランス語を学ぶのもいいですね。

というのも、自分の感性や感覚をアップデートしないとどんどん凝り固まっていくことが怖いんです。時代の流れはどんどん速くなっていますから、なおさらです。

その意味では、一般社会の感覚と自分の感覚にズレが生じた時が、政治家を辞める時だと思います。自分が正しいと思っていたことやこの方向に進むべきだと感じていたことが、世の中の感覚とズレていると感じたら、リセットしていかないとダメでしょうし、それでもうまく修正が利かなくなったら、もはや政治にこだわるべきではないと思うんです。

24年衆院選では仲間が増え、先行きは明るいと見ているようだ。引退後の展望はいかにも玉木らしいが、逆に言えば、今、時代と濃密にせめぎ合っているという手ごたえがあるのだろう。

第4章

政策で勝負する

国民とともにつくり上げた象徴政策「103万円の壁」

2024年秋の衆院選以降、社会の注目を集め、焦眉の政策となった「103万円の壁」。国民民主党が公約としたのは、悲痛な国民の声があったからだ。

玉木 大きく2点、この政策をつくっていくきっかけがありました。我々は2020年の国民民主党結党以来、「給料が上がる経済」の実現を掲げてきました。

というのも現代日本の最大の課題は、30年間給料が上がっていないことだったからです。しかも、これだけ真面目に勤勉に働く人がたくさんいるのに、各国に比べてどんどん貧しくなっているのはおかしい。これを変えたいというのが、我々の結党の理念だったわけです。

そこに基づいてすべての政策をつくってきましたが、ようやく民間の努力もあって33年ぶりに高い賃上げが実現するようになってきました。

連合の調べによると、賃上げ率は大企業で平均5％を超え、中小企業でも4％を超えるようになってきた。ただ、全国を回って聞こえてくる切実な声は、「でも、税金と保険料はそれ以上に上がってしまい、ちっとも手取りが増えてない」というものです。

現場の、まさに働く人たちの声を聞いて、調べてみたら確かにそうなっていた。特に税負担については、インフレが起こったり、あるいは賃上げが起こる時には「ブラケットクリープ現象」といって、国民の所得の上昇率以上に国の税収が増えてしまう現象が起きてしまう。取られる側、つまり納税者からすると税負担が増えてしまう。累進課税を取っている所得税や、あるいは物価の上昇が、事実上、消費税率のアップと同じ影響を及ぼしてしまっていた。

こういう税制上の特徴から導かれる現象は、各国とも同じように起きています。アメリカは、日本でいう「所得税の基礎控除」を毎年インフレに合わせて引き上げ、実質的な所得が減らないような調整をきちんと行っていました。アメリカは標準控除と言うんですけど。オーストラリアなど各国も同等の調整をやっていて、やってないのは日本だけでした。

そこで、岸田内閣の時からこのブラケットクリープ対策として、インフレに応じて基礎控除を引き上げていく必要があるのではないかと、我々は選挙前からずっと訴えていたんです。

実は１９６０年代、70年代、80年代の日本は、インフレに合わせて基礎控除をその都度引き上げてきましたが、止まったのが95年でした。ここで決まった水準が、基礎控除、給与所得控除を合わせて１０３万円だったんです。

これがもう29年間ゾンビのように生き続け、これを直さない限りは、賃金がいくら民間の努力で上がっても、国民の所得はちっとも増えない。そこでこれを選挙の大きな柱にして戦おうということになり、選挙で「手取りを増やす」という、極めてシンプルな政策を掲げました。これが一つの流れです。

もう一つ、選挙戦を戦うなかで２番目の要素が出てきました。

基礎控除を引き上げ、みんなの取られ過ぎた税金を返しますと訴えていると、本来ならあまり稼いでいないはずの学生さんたちが演説会場にたくさん来てくれるようになったんです。これは何なんだろうと思ってよく聞くと、「もう一つの１０３万円問題」があることが分かりました。

それは彼らの親に適用されている「特定扶養控除」でした。大学生の19歳から23歳未満の息子さん娘さんがアルバイトで稼いでも、１０３万円までだったら親の扶養に入っていられます。

地方税と国税を足して１００万円ぐらいの控除額がありますが、子どもたちの収入が１０３万円を超えてしまうと親の扶養対象から外れて控除されなくなってしまう。つまり、子どもが１０３万円以上稼ぐと親の税額は急に高くなってしまう。

そのため、お父さんお母さんから「お前は１０３万円以内で働け」と厳しく言われている、と。

でも今、最低賃金が上がっています。特に東京ではかなり時給も上がっていて、9月とか10月には年収１０３万円に達してしまい、11月、12月には働けなくなっているというんです。

これはバイトをする学生さんたちだけの問題ではなく、雇っている側からも困っている、との声が聞こえてきた。居酒屋、カラオケ店、塾などの店長さんや経営者の方たちから、「掻き入れ時となる年末に、毎年この『１０３万円の壁』でシフト調整などに苦労している」という声が毎日数多く寄せられるようになりました。

なので選挙序盤は、基礎控除の引き上げとしての１０３万円を訴えていましたが、同じ基準である特定扶養控除にもかかっているので、ダブルでこの１０３万円を上げていこうと訴えたのです。

選挙公約として掲げた政策が、皆さんの声によって進化し、バージョンアップしていった。我々が気づかなかった点を照らし出してくれたのは、国民の皆さんだったのです。そして有権者の皆さんも、自分たちが政治に参画した感覚があったからでしょう、選挙後も非常に注目を集め続けたわけです。

暮らしの現場からの声を汲み上げ、市場ニーズならぬ「有権者ニーズ」に対応して、国民と一緒につくり上げた象徴政策が「103万円の壁」だったのである。

憲法25条「生存権の保障」を守るため

いざ国会で「103万円の壁」について議論が始まると、他の野党から批判の声が相次いだ。玉木は、半ばあきれたように反論する。

玉木 衆院選後の臨時国会で、自民党、公明党の与党と我々国民民主党の3党が「103万円の壁」について見直しの協議を始めた際、他の野党からは異論が噴出しました。たとえば、「いや、106万円の壁の方が問題だ」とか「130万円の崖《がけ》をどうするかが先決だ」とね。

「103万円の壁」は、所得税に関わるもので、基礎控除と給与所得控除を合わせた金額が103万円です。いわゆる年収に掛けられる「税金の壁」で、学生さんが親の扶養から外れてしまい、親の所得税の課税額が一気に上がってしまうものです。

一方、106万円、130万円は社会保険料に関わるもの。働く会社の規模などによって違いはありますが、パートなどで働く人が、年収106万円や130万円を超えると、配偶者の扶養を外れて、社会保険料の負担が生じてしまい、手取り額が減ってしまうというものです。

この問題を今さら鬼の首を取ったように言う人たちがいるので、あえて苦言を呈したい。この問題をかなり前から提起してきたのは我々なんです。

「年収の壁」問題は、我々の支援団体の一つ、UAゼンセンというパートやアルバイトの皆さんが加盟している労働組合があって、そういったところから生の声を聞いてどの党よりも率先して取り組んできたわけです。

その結果、106万円、130万円に関してはすでに政府は、23年に「年収の壁・支援強化パッケージ」を実施しています。年収130万円を超えても連続2年までなら扶養にとどまれるようにするとか、106万円を超えて扶養から外れたパートさんたちに手取りが減らないように賃上げしたり、勤務時間を延ばしたりした企業に対して助成する制度です。

もちろん、これで106万円や130万円の壁が解決したわけではありません。しかし、25年に5年に一度の年金制度改正が予定されていて、それまでの2年間の暫定措置を実施し、今後の年金制度の抜本的な改革の中で見直していこうということになっています。

我々にとっても、これまでは年収の壁問題は、実は106万円であり、130万円だったわけです。つまり、「103万円の壁」は壁として深く認識せず、軽視していた。ところが若い人、主に学生さんたちの声などを聞くことによって、実は103万円が大きな壁になっていると知って反省もし、公約に掲げて衆院選を戦ったわけです。

各党ノーマークだった103万円が急にクローズアップされたことで、慌てて「106万円の方が大事だ」とか「130万円はどうするんだ」って言い始めるのは、あまりにも勉強不足だし、ご都合主義ではないですかと言いたい。

しかも、106万円、130万円は、保険料負担の話ですから、年金を受け取る以上は然《しか》るべき保険料負担を公平にしていただこうということです。短期的、個別に見れば、手取りが減る方向での改革にならざるをえない。でも、それを分かった上で一定の手当をしているのに、急に「けしからん」と言い始めている他党の議員は、制度の本質を理解していないし、単に103万円の壁をなくそうという議論に便乗しているだけなので、残念な気がします。

先日、あるフリージャーナリストの方にも申し上げたんですが、共産党にしても立憲民主党にしても、そしてリベラル系ジャーナリズムの方々にしても、我が党の案をとにかく否定したいがために、ぐるっと回って財務省と同じことを言い始める傾向がある。普段は「弱者のために」と言っておられるのに、この件に関しては批判や否定ありきで、おかしな方向からモノを言っている気がします。

１０３万円の壁で、基礎控除を引き上げるというのは、憲法25条の生存権を保障するための制度を、きちんと機能させましょうと申し上げているということです。

憲法25条には「すべて国民は健康で文化的な最低限度の生活を営む権利を有する」とあります。親の税負担が増えることを避けて働き控えをする若者たちは、最低賃金が上がったものの、年収１０３万円は変わらない。物価は上がり続けているのに、収入が変わらないのでは、この「生存権」さえも脅かされる。だから、最低賃金の上昇幅と同じように基礎控除を引き上げようと言っているのです。

憲法審査会では、「憲法を変える前に、憲法を活かす政治を」と言っている人たちが、憲法を活かすどころか、「25条に基づく生存権を保障するために基礎控除を上げよう」と主張する我々に対し、何が何でも反対の声を上げ始め、財務省じゃないかと見紛うばかりの主張を展開しています。どういうことなんでしょう？　憲法を守るべきじゃないですかと、護憲派の方々に言いたいですね。

野党やリベラル系メディアによる批判のための批判。それが憲法の根本精神を裏切り、財務省の反論と瓜二つになるという皮肉。政治家もジャーナリストもしっかり勉強した方がいいということだ。

ガソリン暫定税率廃止が3党合意に至る

かねてより国民民主党は、ガソリン価格を抑えるために発動される「トリガー条項」の凍結解除を訴えていた。それが24年12月、一気に動き出した。

玉木　自民党、公明党と我が党の幹事長会談が24年12月11日に行われ、《いわゆる「103万円の壁」は、国民民主党の主張する178万円を目指して、来年から引き上げる》とともに、《いわゆる「ガソリンの暫定税率」は、廃止する》という2項目で合意し、署名文書を交わしました。

これには私も驚きました。しかし、テスラのようなEV車が出てくる時代に、車に対する課税でガソリンにばかり固執していたら公平な税制が実現しないことはもう分かっていました。だから、いずれにせよ廃止しなきゃいけない方向に政府も向かっていたと思います。

とは言え、それを決断させたというか、前倒しさせたというか、背中を押した形になったのは、我々の要望が大きかったのかな、と。

12月12日、我が党の浅野哲《さとし》衆院議員が、臨時国会の衆院本会議で補正予算案に対する賛成討論をしました。

振り返れば22年2月、トリガー条項凍結解除について3党協議をすることで新年度予算案に賛成しましたが、当時は我々も力不足で実現には至りませんでした。それでも粘り強くやってきたことが、3党幹事長の合意文書で記され、賛成討論に至った。3党合意で「暫定税率廃止」まで書き込まれたのは、国民の皆さんの後押しのおかげだと感じていて、本当に感慨深いものがあります。

22年の時も、野党が与党の予算案に賛成したことで、めちゃくちゃ批判されましたが、「対決より解決」を掲げていた我々は、国民の生活をよくするための政策実現のためには、できる限りの努力を惜しまなかった。

１０３万円についてては１９９５年に定められた基準ですが、ガソリンの暫定税率に至っては74年、50年前につくられた法律です。最初の２年間だけ道路を造るためと言って、その後はごまかしごまかし半世紀引っ張ってきたわけです。50年続いて、誰も手をつけられなかった「ガソリン暫定税率は廃止」と書いたのは、歴史的な出来事です。

衆院選前から我々は「トリガー条項」凍結解除からグレードアップしたガソリン暫定税率の廃止を訴え、臨時国会で「シン・トリガー条項凍結解除法案」を提出しました。この法案は、ガソリン価格をトリガー条項凍結解除で下げるんですが、その後価格は上げない。抜本的な税制改正のなかで、暫定税率については解消を考えるとして、事実上の暫定税率廃止法案になっていたんです。

それを与党は、もうガソリン暫定税率廃止ということで受け入れることになった。

これまで石油業界も、「下がったり上がったりしては流通を歪める」って言っていましたが、下げ切って終わりだったら異存はないと思います。

合意文書には期限が明記されておらず、「また自民党に騙されるんじゃないか」という声がＳＮＳなどに書かれました。また22年の時のように、何も解決せずに我々が予算案に賛成するだけに利用されるのではないかという指摘です。しかし、一つの税制を３党で合意して廃止すると文書に明記されたのは、画期的なことです。誰もできなかったんですから。

玉木は、安心や油断はしていないと言いつつも、政策実現に向けて着実に一歩進んだことに、万感こもる思いがあふれ出ていた。

西郷隆盛が語った3つの政治の要諦

国民民主党の政策の根っこには、西郷隆盛の遺訓集があると玉木は言う。ある勉強会の講演で次のように明かした。

玉木　国家の役割、政治の役割とは何かと訊かれることがあります。私が行き着いたのは西郷隆盛の言葉、「政《まつりごと》の大体は、文を興し、武を振ひ、農を励ますの三つに在り」でした。『南洲翁遺訓《なんしゅうおういくん》』の第三条に書かれてあるものです。

政治にはさまざまなテーマや課題がありますが、突き詰めていくと古今東西、この3つに集約されると思っています。

「文を興す」は、人を育てること。教育、科学技術、文化振興ということでもある。「武を振ひ」は国防です。まさに文武両道と言う通り、双方がしっかりしていなければ国家は成り立ちません。

そして「農を励ます」ですが、当時はまだ産業のほとんどが第1次産業でしたから「農」と言っていますが、今風に言うと「産業振興」です。

国家、あるいは政治で、この3つのうちどれか一つでも欠けたら国家は滅びます。秦の始皇帝以降、この3つのどれかが欠けて存続した政権はありません。

私はこれが国家の根本、政治の要諦で、骨であり柱だと思っています。国民民主党の政策体系は、すべてこれに基づいてでき上がっています。

これを選挙のキャッチフレーズにすると、人を育てるは「人づくりこそ国づくり」、国を守るは「自分の国は自分で守る」、産業振興は現代風に「給料が上がる経済を実現しよう」となり、それぞれ訴えています。

人づくりと教育は、戦後の自民党が弱かった部分です。なぜかと言うと、子育ても教育も介護も家庭で家族がやりなさいというのが基本にありましたから。

家のなかで女性がやりなさいというのが、長く維持されてきた自民党の価値観で、社会全体でやるという発想がなかなか生まれませんでした。ようやく自民党も変わりつつありますが、あと10年早く変わっていれば何とかなっていたかなと思います。

一方、国を守るとか産業振興という部分は野党が弱かった。ちょっとでも防衛費を増やしたら、戦争になるとか軍国主義だとか言い、憲法9条を変えようと言うと戦争をしたいのかと責めたてる。いや、変えないと攻められて守れないですよと言っても話が通じない。産業政策もほとんどなく、分配を言うばかりでした。富自体をどうやって増やしていくのか、付加価値をどうやってつくっていくのかという問題意識が野党は弱かった。自民党が弱かった人づくり、野党が弱かった防衛政策、産業・経済政策。この3点をバランスよくやっているのが、国民民主党なんです。

2024年8月29日、藤川選挙戦略研究所勉強会

西郷隆盛の遺訓は与野党それぞれの弱点をあぶり出し、国民民主党の強みとして継承されていると言えるのではないか。

政策を現実に打ち出す過程では官僚ネットワークも大切だ

国益よりも省益を大切にし、今や国民の敵とまでいわれる霞が関だが、実現可能な政策を打ち出す過程において、官僚の協力も不可欠だと明かす。

玉木　他の野党と我々の違いは、たぶん、役所からの情報がどれだけ入ってくるかだと思っています。自民党は当然与党だから霞が関から情報が入ってきます。政治家は皆、政策の勉強をするとはいえ、やることはそれだけではありません。選挙のこと、地元活動もやらなければいけない。

その点、分野ごとの政策に精通し、日々考えているのは官僚の人たちです。

彼らはやりたい政策があるけれど、いろいろな環境があってできない。実は私も大蔵省にいる時はそうでした。官僚の皆さんは、自らの政策に理解を示してくれる議員は誰なのか、どの政党なのかを、常によく見ている。

国会で私はよく、「今後はこの方向に向かわなければいけない」みたいなことを言ったりします。このような発言に内々に反応してくれる官僚の人たちがいます。

官僚の人たちからすれば協力するのは与党だけど、私の発言を知っていて、「この分野で今注目されている学者は誰?」「この問題に対していいことを言っている若手の官僚はいる?」とか訊くと、教えてくれるわけですよ。国民の皆さんの声を起点に練り上げた政策を実現可能なものとして打ち出す過程では、実は官僚の皆さんとのネットワークをつくることも大事なことです。

他の野党のヒアリングとか勉強会で呼んでいる学者さんだったり官僚だったりは、反主流派的な人たちになりがちです。

主流派は与党とがっぷり組んでいるので、ある意味、野党の座組については仕方ないことなのかもしれません。そうなると、学説的にも主張的にも、かなり反対や批判の方に振っているケースが多い。

そのような極論は聞こえがいい。理想論としては美しくて気持ちよく見えるものなんです。でもそれは、実現可能性としては、極めて低いものが多いんですよね。

たとえば、これは与党の話ですが、先の自民党総裁選で石破茂さんが語っていたアジア版NATO構想については、残念ながら非主流派の先生が言っておられたことです。慶應義塾大学の神保謙教授とか、細谷雄一教授とか、東京大学の藤原帰一教授といった、国際政治、国際関係論の先端にいて誰もが知っている主流派の方々はどなたも提唱していません。つまり若干、異端で非現実的な構想という面があります。

我々も野党なので、そういう人の声も聞きますけれど、やはりメインストリームを外すことはしないように心がけています。結局、現状の反対論の補強材料になる、いわば「ためにする反対論」になってしまうので、実現が難しい政策になってしまうからです。

私は、日本のメインストリームとともに、よく海外の学説や学者の話を見たり聞いたりして、実現可能性を追求しています。

だからよく自公の与党の方々から、「玉木さん、なんでいつも自公がやっていないことで、我々がちょっと頑張ったら言えそうなことばかり言うんですか」と言われたりします。その時は、「いや、それはまさに、そこを狙って言っているからですよ」と言い返しています。

我々は、現政権の政策を細部まで分析していますから、自公がさまざまなしがらみからできないことについて、ちょっと先の「近未来の先取り」をしたり、少し強めに打ち出すことをやっています。

我が党の伊藤孝恵参院議員（参院国対委員長）がよく言うのは、「リクルートじゃないけれど、『今ここにない答え』、政治家だから『今ここにない政策』をいかにアンテナを張って早く見つけるかだ」と。でも、それって理想論に留まらず、実現しないと意味がない。その間合いとバランス感覚、先見性。それを持つことが、政治家、政党に求められていると思うんです。

官僚ネットワークを構築して「自公政権の穴」を見つけ、一歩先を見据えた政策を提言する。これが国民民主党の方法論なのだろう。

財務省という「岩」vs政治という「水位」

官僚といえば、たとえば「財務省陰謀論」のような言説が流れる。政治の停滞、その諸悪の根源には財務省がある、と。財務省ＯＢの玉木の目にはどう映っているのだろうか。

玉木　よく「財務省陰謀論」を唱える人がいますが、財務省は悪いわけではありません。そういう人たちは財務省を恐れ過ぎというか、幻想ですよ。私は、政治が悪いと思っています。私もかつて在籍していたからよく分かるんだけど、財務省はきちんと法律通り政治にお仕えしようとする気持ちが強いんです。

財務省は常に同じところにいます。財務省設置法には「健全な財政の確保」が定められていて、「財政は健全化しましょう」と国会で決められ、法律に定められています。つまり、財務省からしてみれば、財政健全化は国会から求められている「義務」です。

財務省はそれに従うんです。なぜ政治に仕える気持ちが強いかというと、予算編成があるからです。予算編成にはスケジュールがあります。例年8月末には霞が関の各省が財務省に概算要求して、12月に予算案をまとめないと新年度の予算が組めなくなります。

このスケジュールに従って、財務省は動いています。予算スケジュールという、さまざまな行事の根本を握っている強さが、財務省にはある。他の省庁の予算だけでなく、地方自治体への交付金、さらに各業界への補助金など、あらゆる予算の大元だからです。

そこで常々私が唱えているのは「財務省『岩』理論」です。これが日本の現状を一番よく表していると思っています。

財務省は岩。岩って満潮の時は見えませんよね。ところが水位が落ちて来て干潮になると岩が見え始めるわけです。この水位とは何かというと、「政治力」なんです。

政治の水位が高くて、調整する能力を発揮して「新しい答え」に導こうと陣頭指揮を執っていれば、財務省を黙らせることができる。たとえば政治力を発揮して、「越年編成しろ」と政治が決めれば、財務省は従わざるを得ません。

ところが、「政治とカネ」のような問題が起きると、政治の側が自分たちの調整能力を失ってしまいます。そうなると、代わりに財務省がイニシアティブを取ってスケジュール内にまとめようと動くわけです。

また、政治家にヴィジョンがなく、何をしたいのか分からない場合も、財務省という「岩」が現れる。たとえば、「教育予算を倍にしてくれ」とか、何か1つでも明確なミッションがあれば、財務省は従います。

ところが、信頼はない、ヴィジョンもないとなれば、財務省という「岩」が登場するのは当たり前のことです。「政治がそんな体たらくなら、こちらはルール通りにやります」ということになるからです。

もし政治が本当にやりたいことがあり、財務省がなかなか言うことを聞かないとなれば、最後は首相が人事権を発動して、しっかり仕事をする財務大臣に交代させればいいだけの話です。「予算の組み換えは国民が望んでいることであり、財務省はそれに応える義務がある」と強い意志を持って財務大臣が省内で指導力を発揮すれば、財務省は反対できません。

しかし、久しく政治の水位が下がって、岩が露出した状態が続いている。財務省からしたら、勝手に政治が弱くなっているんじゃないか、ということではないでしょうか。

巷には「ザイム真理教」という言葉が溢れていますが、それはそもそも財務省設置法に書かれていることなので仕方ない。その真理を上回る「政治的真理」、政治のヴィジョンを、政治家が高い水位で示さないからダメなんです。

しかも、そのダメな部分を国会議員は言い訳に使っています。「財務省のやつらは頭が固いから予算が付かなかった」なんて地元で話したりするんです。財務省は、自分たちが悪者にされることを、能力に欠ける政治家の代わりに引き受けているわけです。

政治の劣化が「財務省陰謀論」を生み、ヴィジョンを持たない政治家はそれを言い訳に使う——財務省出身の改革中道政治家ならではの現状洞察であろう。

国民の声に直結した政策を積み上げるには

国民民主党の政策は支持を集め、脚光を浴びている。改革中道政党であり続けるために欠かせないのは「国民の声」だと、玉木は改めてその原点を語る。

玉木　野党の皆さんには、もっと広く「国民の声」を聞けと言いたいですね。特定の団体の声ばかりを聞いていると方向を見誤ってしまいます。市井の声、本当に一人ひとりの有権者と正面から向き合うと、政策はそんなに極端なものにはならないと思うんですよ、私はね。

原発反対とかが典型ですけど、確かに反対の声を上げている方はいるし、原発に不安を覚えている方もいる。その声に耳を傾けることも大切でしょう。だけど、多くの人たちは、原発反対よりも、給与が少ない、手取りが増えない、何とか上げてくれということが、まず第一なんです。

そこから遡って、企業が従業員に給料をより多く払えるようにするにはどうすればいいのか。ましてや中小企業は原材料費をはじめ輸送コストも上がったりして辛いなかで、何とか経営を維持しているわけです。それでも賃上げするためには、原資を手元に残さなければいけない。でないと、思うような賃上げなんてできない。となると、他のコストを何とか抑えなければいけないということになります。

電気代は安くなった方がいいし、ガソリン代も安い方がいい。では、今の状態で電気代を安くするにはどうしたらいいか。やはり安全性を確保して原発を動かすしかない。

つまり、一番重視する目的から政策を積み上げていかないと、国民の声からズレてしまう可能性があります。ところがイデオロギーから入って政策をつくると、結局、国民の声に反するようなことが起きてしまうのです。

誰の声に耳を傾けるのか。イデオロギーを掲げて団体をつくっている人たちも大事ですが、そういったグループをつくれない、グループに属せないような一人ひとりの人たちの声を、政治がどれだけ拾い上げられるかが重要だと思います。

その声なき声を集めるという意味では、現代は非常にやりやすくなりました。いわゆるSNSです。X（旧・ツイッター）やユーチューブに寄せられる声は、我々にとって「宝の山」となっています。

現代における政治の役割は、これまでじっと身を潜めていたサイレント・マジョリティの声に耳を澄ますことから始まるのだろう。

学校を「行くのが楽しい場」にすることが大切

第2章で語ったように、玉木自身の学校体験が、国民民主党の教育政策に深くつながっている。香川時代を振り返りながら、大胆な提言が次々と飛び出した。

玉木　学校の先生は、昔だからスパルタみたいな先生もいたけど、小学校3、4年生の時に、過度に干渉されなかったことが貴重な経験でした。この時の担任は他の生徒や親たちからの評判は良くなかったけれど、自主性を尊重してくれたことによって自分で調べ、考える力がついた気がして、私にとっては良かったわけです。

先生って、生徒にとっては怖い存在だったり、よく分からない大人だったりしますよね。しかも、誰が担任になるか選べない。めぐり合わせは偶然ですものね。

担任が誰になるかで、子どもの人生が決まる部分が大きいでしょう。「先生ガチャ」みたいなのがあって、年度末の1、2月頃の親たちの一番の話題は、「次の担任は誰になるんだろう」ってことですよ。

本来、誰が担任になろうと、ちゃんと生徒を見ないといけないんだけれども、実際には

「教育の質」は「先生の質」に直結している。私は子どもの頃は農村にいました。同じ香川県内でも、教育委員会からすれば、いい先生は人口が多い県庁所在地やマンモス校に配置します。そんなアンバランスな部分がちょっとした教育格差になるんです。

先生についてはアップデートした方がいいと思っています。先生の教員免許の更新制についてはどうかと思いますが、やはり知識も変わっていくし、教え方の技術もあるので、リスキリングみたいな機会をより充実させてもいいのかな、と。

特に、デジタル機器が入ってきて、使いこなせない先生は苦労しています。一方、子どもの方が使いこなせている。こういった部分のズレを修正していく方策をつくっていかないといけない。

私はもっと授業を楽しくすべきだと思います。退屈な時間がけっこうあるじゃないですか、学校って。私自身、学校は面白くない時間が多かった。

これって両方あると思います。勉強を理解できる子どもにとって学校の授業は陳腐だし、つまらない。授業が分からない子どもにとっては内容が難しすぎる。だから平均値で中間に合わせるから、できる子とできない子にとって、授業はつまらない。だから、教育のあり方そのものを見直した方がいいと私は思う。

一つのアイディアとして私が常々言っているのは、小学校、中学校でいえば教えるのが一番上手な先生が、学年別、教科別で動画を撮って、文部科学省のホームページにアップしたらいいということです。ユーチューブと同じようにね。

子どもたちはそれを見て、たとえば分からないところは担任の先生に訊くという形にすればいいと思うんですよ。災害の時や感染症拡大で学校に行けない時も学習を継続できる。

先生は、生徒たちの学習進度に応じて、早い子どもには早いなりの、遅い子どもには遅いなりの指導をして、個々に寄り添う。それを先生の仕事にし、教室にいる全員に対して同じことを教える必要はなくする。

それに加えて、学校を「行くのが楽しい場」にすることが大切です。学校に行くのが辛くて、不登校になる子どもが多いでしょう。これは子どもたちの問題ではなく、今の子どもたちのニーズに、学校や学校教育の内容がついていけてないからではないでしょうか。

子どもたちが登校したら何か楽しいことがあるようにアレンジメントすることが、実は校長先生や先生たちの大切な仕事なのではないでしょうか。朝、教室に入ったらヤクルトが1本もらえるとか、給食がおいしいとか、何でもいい。みんなと一緒に「おいしい給食」を食べに来るのが楽しいというだけでもいいと思います。

長年、教師の負担が指摘され続けているが、リスキリングと動画の導入は、その解決策のヒントであり、習熟度ごとの教育に向けての現代的な提言ではないだろうか。

英語教育を減らして「金融教育」「税務教育」をやるべき

ゆとり教育が廃止された日本の教育制度。しかし、現状のカリキュラムはもっと大胆に見直した方がいいと、玉木は語り始めた。

玉木　生きるための力になることを、もう少し義務教育で教えた方がいい。極端な話、今の英語教育は減らしてもいいと、私は思っているんです。英語は使う人もいるけれど、使わない人は一生使わないじゃないですか。使う人はユーチューブとかを自由に見て勉強できるわけだし、その方が実践的な英語が身に付くのではないでしょうか。

むしろ、英語の授業時間を減らして、「金融教育」や「税務教育」をやったらいいと思っています。

人生のなかで、必ずぶち当たるのがお金の問題だからです。お金の問題でどれだけ多くの人が人生を棒に振ったり、苦しんでいるのかと考えると、生きるために大事なことは、第一にお金の問題だという事実にたどり着く。だから、金融教育と税務教育をやった方がいいと思います。

資産運用について、「お父さん、お母さん、こうやった方がいいよ」みたいなことが家庭で話し合われてもいいし、授業を聞いたら豊かになれるとか儲かるみたいな話があってもいいと思う。

そういうことを知らずに、社会人になってから急に小銭が入り、喜んで投資したら失敗した——そんな話がたくさんあるので、長期的に資産運用をどうするかとか、基礎的なファイナンスの授業を算数の次にやったらいいのではないでしょうか。遅くても中学からは取り入れた方がいいと思います。

興味を持つ子どもには、学習の幅が広がっていきます。この企業の株はなぜ上がったのか、社会でこの問題が取り上げられ、この会社の技術にスポットが当たったからかとか、アメリカの金利の影響で日本企業はどうなるのかとか、社会や国際関係など、あらゆるところに目を向けるようになる可能性がある。

金融教育と税務教育を通じて、生きるための術を身に付け、知的好奇心の幅を広げていくことになるのではないでしょうか。

格差社会と言われて久しいが、雇用問題への対応だけでなく、金融教育や税務教育が格差是正の一助になるのではないか。玉木の話からは、確実な予感が伝わってきた。

「教育国債」は「人的資本形成」を目指す

国民民主党の24年重点政策のなかに「『教育国債』発行によるこども子育て支援金の廃止」がある。人への投資の重要性を、玉木はこう説いた。

玉木　国際競争力が衰えた日本の現実を直視すると、この国の地下を掘っても石油や天然ガスは出てきませんから、人と技術で食っていくしかない、それが日本なんです。でも、それを疎《おろそ》かにしてきた30年でした。

皆、技術が大切だ、教育が大事だって言いますが、いつも引っ掛かるのが財源問題です。私は財務省にいたので、財源問題と向き合ってきましたが、その解決策として提案しているのが、「教育国債」の発行です。

国債は、後世のツケになるから止めろというのが一般的な考えとしてあります。

でも、企業経営に置き換えて考えてみましょう。企業が従業員の給料を支払うための運転資金を貸してくれとお願いしても、銀行は貸しません。しかし、企業の設備投資にはお金を貸してくれます。投資をしたことによって富を生み出すからです。

同じように国の予算も、投資的経費と経常的経費を分けて、財源調達のあり方を変えるべきだと思います。私は、年金、医療、介護という社会保障給付については税や保険料などの安定財源を充てるべきだと思います。

一方、投資的経費については積極的に国債を発行すべきです。今、日本の財政法4条で唯一認められているのが建設国債で、毎年6兆円が発行されています。橋や道路、街ができると経済が元気になって税収が上がって償還率も上がるから認めようということになっているからです。

しかし、これからの時代、富を生み出す源泉は、すべて「人」になります。ＡＩの時代、ＩＣＴの時代なのです。これまでは社会資本形成に国債を認めてきましたが、今後やるべきことは「人的資本形成」であり、そこにこそ国債を発行すべきなんです。

国立社会保障・人口問題研究所のアンケートによると、2番目のお子さんはできたけど、3人目のお子さんは諦めたというカップル、夫婦が多く見られました。

理由は一つです。73・5％が「大学まで行かせるお金がない」ということです。

国が少子化対策とか教育に対してできることは実は限られているし、あまり介入すべきではないとも思っています。しかし、お金の問題ならやるべきです。

どういうことかと言うと、教育国債を発行して夫婦の教育費負担を軽くして、3人目のお子さんがつくりやすい環境をつくればいいということです。

その子たちがいい教育を受けられれば、立派な納税者になります。年収500万円で40年働くと生涯賃金は2億円。大体2億円稼ぐサラリーマンは、一生にわたって約5000万円を所得税などで払います。さらに、同じ額かちょっと多い額を年金と医療の保険料で払いますから、2億円稼ぐサラリーマンは1億円を生涯にわたって国に納めます。

半分も税金に取られるのかと思われるかもしれませんが、今国民の税負担率は48％ですからほぼ半分に近づいてきています。源泉徴収でしっかり取られるサラリーマンは、もうすでに50％になっています。

これがいいか悪いかは別として、将来国に税金を納めてくれる人を生み出すために、1000万円投資しても5倍のリターンがあり、5000万円投資したって2倍のリターンがあるので、やったらいいんです。
財源がないからといって未来への投資を止めてきた30年を反転攻勢させるには、これしかないと思っています。

2024年8月29日、藤川選挙戦略研究所勉強会

大学までの教育無償化を訴える野党もあるが、子育て全般の負担軽減を図る教育国債発行という玉木の議論は、今後さらに注目されていくだろう。

高齢者に教育国債を買ってもらいたい

教育国債は単なる税金の垂れ流しではない。「買い手は高齢者」。そこには時代と社会を見極める玉木の目があった。

玉木 もう一つ言うと、この教育国債は、お金を持っている高齢者の方々に買っていただきたいんです。今、日本の金融資産は2000兆円と言われていますが、そのほとんどが65歳以上の方々です。

と言っても、高齢者の資産差は大きいので一概には言えませんが、余裕のある高齢者の方々にお願いしたいと考えています。

というのも、高齢者の方に買っていただくと、そのお金が高齢層から現役世代に所得移転します。

どうしたって若い人の方が、消費傾向は高いわけです。高齢者の方々が購入した教育国債の費用は、若い人たちに回り、子どものおむつ代、ピアノのレッスン代、バスや電車賃といった交通費などあらゆる子育て・教育シーンで消費されていきます。

子どもを産み育てること、あるいは教育にお金を使うことは、かつての公共事業より投資要請が高くなっています。このことは、京都大学大学院人間・環境学研究科の柴田悠《はるか》教授も指摘しています。だから私は、教育国債は経済としてペイすると言っているんです。

財源問題に行き当たって何もできないと狼狽するのでは行き詰まったままです。日本はアジアの他国よりも経済が先行していたから、金融資産のストックはあるんです。

だから、眠っている金融資産をどう動かし、現役世代や若年層に移転させて経済活性化の起爆剤とするのか。これが大事なことです。

我々、国民民主党は「動け、日本。」をキャッチコピーに掲げていますが、お金と人を動かさなければいけないと思うんです。

今、金融資産はじっとして寝かされたままです。それでは経済が活性化しません。我々が考える税制は、お金を動かそうとすることについては、できるだけ減税したいと考えています。

消費しようとすること、投資しようとすることについては減税し、じっと持ったままで動かないものについては少しご負担をいただくという経済政策で、とにかく動かすことで経済を成長させていこうと申し上げています。

２０２４年８月29日、藤川選挙戦略研究所勉強会

老後不安で金融資産を貯め続け、いざ子や孫に譲ろうとすると相続税が重くのしかかる。世代格差、教育環境、税体系全般を見直すなかでの、玉木ならではの異色の提言だろう。

食料安全保障は「国の礎」である

農政は、かねてから玉木のライフワークの一つであり、国民民主党の主要政策の一つであった。食料安全保障の重要性には当然、力が入る。

玉木　私の家は兼業農家で、父親は大分歳を取ってきましたが、今も米や麦を作っています。

私は小さい頃、祖父も農業をやっていて、よく「田んぼを手伝え」と言われ、それが嫌で嫌で、農作業から逃れるために一生懸命に勉強をして成績が上がり、今日があるようなものです。

今、令和の米騒動とか言われていますが、先週私は新米を食べました。家から持ってきたので、改めて美味しいなと思いながら食べたんです。

私は大蔵省、財務省に勤めていたので金融財政が専門で、今もそういう発信を結構していますが、国会議員になってからずっと取り組んできたのは実は農政です。

自民党は、かつては農政に明るい議員が多かった。農協関係の地域が選挙区でなくても、やはり農政、農業は「国の礎」なので、1年生のメニューとしてしっかり学んでいました。ただ、今の自民党にその面影はありません。

私は今、すごく感じるんですが、与党も野党も、本気で農業と農政に取り組んでいる議員は極めて少なくなりました。

ところが選挙になると、農協の票がほしいから、「農業は大事です」とか言い出す。けれど、実際に農業を営んで、農業に接し、農政を考えるということが、日本の政治から消えようとしてると感じています。

食料安全保障というのは、国家安全保障に直結する問題です。食べ物と食料がなくなると、国家って運営できないんですよ。

今から約80年前、国会議事堂の前は芋畑だったんです。あそこで芋を作っていた。わずか数十年前、そういう時代があったことを国の政に関わる人間は決して忘れてはならないと思っています。

ですので私は、当選してからずっと農政に携わってきたし、今も取り組んでいますし、我が党の政策の中心にも農業政策や食料安全保障をしっかりと組み入れています。

日本の食料自給率が低い理由の多くは、畜産動物の餌をほとんど輸入に頼っているからなんです。ここを改めていくことが大事です。牛も豚も鶏も国内で飼育していて、その環境は整っているので、餌の確保さえできれば、それほど心配することはない状態になっています。

米不足についても、あまり心配する必要はないと考えています。令和の米騒動も間もなく解消します。逆に、ようやく米の値段が上がってきたというのは、生産農家からすればいい話なので、私はむしろプラスと捉えています。

農家がインバウンドも含めてマーケットの需要に応じて供給量を決められる農政に変えていくことが必要です。

いずれにしても、食料を国内で安定的に自給できる体制を維持することが重要です。

2024年8月29日、藤川選挙戦略研究所勉強会

玉木は常に、食料安全保障については意欲的な姿勢を見せてきた。農業だけではない。林業も含め、第1次産業の安定は依然として極めて重要である。

農家の手取りを増やすことは喫緊の課題

農家を守りたい——その願いと、そのための政策はさらに続く。玉木は、これまで永田町ではあまり議論の俎上《そじょう》に乗らなかった「農家の手取り」にも言及した。

玉木　私は農家の手取りを増やしたい。我々は手取りを増やす経済政策を訴えてきましたけれど、農家が今、野菜を作るにしても牛乳を搾《しぼ》るにしても、何をしてもコストが上がっ

ている。でも、なかなか販売価格に反映できない状況のなかで、農家の手取りはどんどん減っているんです。

農家にある程度所得があれば、儲かるんであれば、放っておいても農業をやるんですよ、若い人たちもね。でも、やればやるほど赤字になるから、やらない。だから私は、農家の所得をどうやって増やしていくかを正面から訴えていきたい。農業を継続していけるような所得がきちんと手元に確保できるような政策をやらなければいけないんです。

しかし、24年5月、通常国会で可決成立した改正食料・農業・農村基本法では、「所得」について何ら言及されていません。

元々、この食料・農業・農村基本法は、農家の所得が他の産業と比べて著しく低く、これを是正しよう、そのためにやるべき政策は何かを示すことが原点だったんです。

しかし改正法を見ると、スマート農業をどうするかとか、海外輸出をどうしていくかとか、経済産業省の白書みたいな内容になっている。でも、そんなことは民間に任せればいい話で、農家の所得をどう上げるかという基本法の原点が忘れ去られています。

だから、改めてきちんと、今の農政を農家の所得にこだわった政策体系に変えていくことが必要だと考えています。

そこで我々が提案しているのは、営農継続可能な所得を保障する「食料安全保障基礎支払」です。これは「ダイレクト・ペイメント」といって、必要な分を直接農家に現金給付する仕組みで、欧米各国も取り入れている農業政策の基本なんです。

しかし、日本の場合はこの直接支払制度が複数存在していて、複雑怪奇になっています。たとえば、麦の作物の直接支払いや畑作物の直接支払いは作った数量に応じて払うようになっていますが、水田で耕作すると面積払いになっています。また中山間地域の場合は非常に条件が不利な場所で作ったらいくら支払うとなっていますが、平地には適用されない。でも平地でも条件が不利な場所はいくつもあるんです。大きな面積で作ったら有利で小さな面積だと不利になる。麦を作るにしても、畑地で作れば水捌けがいいから作りやすいけど、水田は水が溜まるから不利になる。

このようにさまざまな直接支払制度があるものの、政治的な理由で要件がそれぞれバラバラになって分かりにくく、面倒なものになってしまっています。であるならば、もっとシンプルで分かりやすいものに直した方がいい。

たとえば、食料安保に寄与する作物ならどこで作ろうが一定の所得を保証します、というようにです。あるいは、「不利な条件」には、中山間地域ばかりでなく、平地でも不利なところには一定程度のコストを補う保証をする。あるいは、環境に優しい低農薬とか環境保全型とかの農法に対しては、政策的に価値があるため単価を上げる。

我々は、このように整理し直した方がいいと言っているんです。農水省内では現在の直接支払制度は、項目によって複数の部局に分かれています。こういった点も再整理して予算を統合した上で、農家の所得がしっかり確保できる制度に再編していくことが不可欠です。

「103万円の壁」や「ガソリン暫定税率廃止」だけではなく、農政についても自民党、公明党と協議のテーブルに着いて、一緒に変えていきたいと考えています。というのも、新しい農政の幕開けを今やらないと、農業の担い手は減り、優良農地は減って耕作放棄地が増えていくだけです。すると生産基盤がどんどん失われていき、挙句の果てにいい農地ほど外国人に買われてしまいます。

中途半端な規制改革ばかり進めて、農業は非効率だ、あるいはJA（農協）は悪者だというレッテルばかりを貼って、意味のない〝やったふり改革〟を重ねてきた典型がこの間の農政だったわけです。だから、コロコロ変わる「猫の目農政」がずっと続いてきたんですよね。

腰を落ち着かせて安心して継続できる農業、もっと言うと、子どもや孫が安心して引き継げる農業を、政治は支援してこなかったんです。ドローンを飛ばしたらいいとか、スマート農業の推奨とか、中途半端なカタカナを挟み込んでも、農家への実質的な保証にはならないし、農家は休まらないのです。本当に農家に寄り添った農政に変えていくべきです。

24年夏、桁外れの猛暑が記録され、各地で農作物の生産は著しく低下した。農家の安定した収入確保は喫緊の課題である。

種子法を復活させ、国家の責任で種を守れ

深い議論も行われず、すんなりと廃止となった種子法。種は国家の食料安全保障にも深く関わるため、復活させるべきだと玉木は訴える。

玉木　農作物や食料を作る上で重要な法律に「種苗法」があります。種苗法について私は問題ないと思っています。たとえば、シャインマスカット。これに対する種苗法は、品種創作という知的財産をいかに保護するかという話になるわけです。

問題は「種子法」です。正式には「主要農作物種子法」で、18年4月に廃止されてしまいました。しかし種は、国家戦略としてきちんと国内で確保する必要がある。18年まで

は、国の政策として、都道府県にある農業関連の研究施設で国が責任を持って種子改良などをさせていたんです。しかし、それを止めて地方自治体の責務へと変更してしまいました。

農業試験場が各県で地域に応じた品種改良や新品種の開発を行っています。ブランド米などはその一つです。品種改良や新品種の開発は、新たな「種」を作ることで、時間とコストがかかるわけです。コスト面に関しては、国が財政的なバックアップをしてきたからこそできていたのですが、それを断ち切ってしまった。一方で民間、しかも海外メーカーが参入しやすくするスキームをつくってしまった。

だから私はもう一回、国家の責任で種を守る政策をやるべきだと思っています。そのためには、廃止してしまった種子法の復活が不可欠です。

国を挙げて種を守ることをしないと、食料自給率を上げようと言っても、何か植えようと思っても、すべて海外から種を買わなきゃいけない。しかも、海外の種子は、ゲノム改良されているものも多く、種が生育して作物が実っても、次の種が出てこないように改良されていて毎年のように種を買わなければいけなくなっているものもある。

つまり、食料の根っこである種を握られてしまうと、食料安全保障どころの話ではなくなってしまうんです。だから早急に、国家の責任で種を守るために種子法を復活させるべきだと強く思っています。

あまり報道されていないが、世界の食物市場では「種の戦争」が繰り広げられている。エネルギーとともに、国の根幹に関わる重要な問題だと改めて感じる訴えだ。

原発推進か再エネ派かという二分法に意味はない

3・11の東日本大震災以降、激しい論争となった原子力発電所の再稼働の是非だが、もっとエネルギー政策に真正面から向き合うべきだと玉木は語る。

玉木　エネルギー問題では原発について「賛成」か「反対」かという物差しで判断しようとする人がいます。私は、そもそもその物差しが間違っていると思う。また、選挙のたびに「玉木さんは原発推進派ですか？　再エネ派ですか？」と訊かれるんですが、まったく意味のない問いです。エネルギーをイデオロギーで論じていては、何も解決しません。

日本のエネルギー自給率は、資源エネルギー庁が発表した23年度のエネルギー需給実績によると15・2％です。自給できるエネルギーは、太陽光や風力といった再生エネルギーと水力、そして原子力の3つだけです。その3つを足して、たった13・3％しかないのが現状です。8割以上はアラブ諸国やロシアから輸入している化石燃料に依存した火力発電です。

電力の安定供給を進めていくために必要なことは、原発も再生エネルギーもすべて進めて自給率を高めていくロードマップをつくることです。

私が常に「自分の国は自分で守る」と強調しているのは、日本で政治家をやる以上は第二次世界大戦の教訓を忘れてはいけないと肝に銘じているからです。ABCD包囲網でエネルギーの供給ルートを絶たれ、食料も厳しい状況に陥った。国会議事堂の前も芋畑だったわけですからね。時の為政者が悪いのだけれど、メディアも国民も前のめりに戦争に突き進んでいった。それは食料もエネルギーも自前で調達できなかったからです。そこで、満州に進出せよ、南洋に向かえという話になっていったわけです。

だから、食料とエネルギーを自前で賄うことを放棄したらダメなんです。しかし、今もなお日本は「資源のない国」であり続けている。グローバル化はいいけれど、いざとなったら各国は自国のことしか考えません。それが「国益」ですから。

世界に目を向けると、ロシアがウクライナに侵攻し、中東情勢も不安定です。混沌とした世界情勢はまだまだ続きます。このような世界情勢下、エネルギー資源の確保について難しい政治決断を迫られる場面もあり得るのです。

国益を脇に置いて政治はできません。その国益をどう「国民益」につなげていくかということが、今求められているんです。

省エネが叫ばれ、民間の努力で電化製品の省エネ化は進みました。しかし、スマートフォンの普及だけでなく、ＡＩが進化し、電力需要はさらに増しています。電力の安定供給は待ったなしの状況です。電力が安定的で安くなければ、給料も上げられない。生活コストも高いままで生活も楽にならない。電気だけではありません。ガソリンが高ければ、物流コストも高くなってモノの値上げは続くことになる。生活者目線で見ても、エネルギー政策は避けて通れない課題なんです。

もちろん、東日本大震災で原発事故が起こり、その危険性が指摘され、原発反対の声が高まったことは理解しています。しかし、世界でも類を見ないほどの高い安全基準を設けて電力の安定供給に寄与している原発を止める選択肢は、今の日本にありません。

原発も再エネも石油も天然ガスも、ありとあらゆる活用法を駆使して安定供給していくしかないのです。それをどのように戦略的に組み合わせていくのかに知恵を絞るべきではないでしょうか。

一番の政治課題は、石炭火力をどうしていくかです。地球温暖化対策として、温室効果ガスの排出量と吸収量を差し引いてゼロにするカーボンニュートラルを進めることが世界的課題となっています。日本も50年までにカーボンニュートラルを目指すことを宣言していますが、安価で安定的な石炭火力に頼っています。しかし、このままでいいわけではありません。世界的課題をクリアするための知恵を皆で考えていく。これこそが今一番政治家に求められていることであり、原発推進か再エネ派かなどという二分法では本当の解決策を見出せないと思います。

二度と戦争を起こしてはいけない――政治家の責務と矜持が、玉木のエネルギー政策からはっきりと浮かび上がっていた。

尊厳死は「人の尊厳」に関わる重要な問題だ

24年衆院選で物議を醸したのが、玉木の「尊厳死の法制化」発言だった。改めて、尊厳死について踏み込んで問うた。

玉木　尊厳死の問題には取り組むべきです。ただ、かなりの誤解があります。医療費を削減するために高齢者は早く死んだ方がいいと玉木が言っているみたいな、あえて曲解して喧伝するメディアや政治家がいたのも事実です。

私が訴えたかったことは、衆院選前に記者会見で発表した際に明確に申し上げたのですが、本人が自身の人生をどう終わらせるか、最後の人生のゴールテープの切り方を自ら決める「自己決定権」、これをサポートしようという考え方です。決して、医療費削減のためなどではありません。

今や延命治療もさまざまな技術ができていて、かつてないほどの命を繋ぐ治療、方策はできています。しかし、それが果たして本人、そして家族が望む治療なのかどうか。このことについて、さまざまな問題や疑問が提起されているのも事実です。

我々が言っているのは「ＡＣＰ（アドバンス・ケア・プランニング）」、日本語では「人生会議」と名付けられたりしますが、本人がまだ元気なうちに、家族や医師などと話し合う。もし病気に罹った場合、どのような治療を希望するのか、どの程度まで治療を続けるのか、あるいは治療をしないのか。

本人、家族、医療関係者、介護関係者も交えて何度も話し合う場を設ける。元気なうちは延命治療は受けないと言っても、いざとなると「少しでも長く生きさせてほしい」と変わることもあります。それが人間ですから。でも、変わることを前提として何度も話し合うことが大切だと考えています。

先進的な事例として、福井県では「つぐみ」というエンディングノートを無料配布し、サポートシステムを確立させています。このような取り組みを制度化して全国に広めていければいいのではないか。

本人も家族も誰も望まない延命治療がなくなって、結果として医療費の削減につながるかもしれません。しかし、医療費削減を目的とした話では断じてない。

どんなに功成り名を遂げても、人生には必ず「最期」があります。その時を迎える際、どうするかということは、義務教育で教えるわけではない。その最期って、本人にとっても家族にとっても大切じゃないですか。それをしっかり考えるような仕組みづくりをしていきましょうと訴えているわけです。

我々、国民民主党は「国家の尊厳」「地域の尊厳」「個人の尊厳」を重視しています。尊厳死は、「人の尊厳」に関わる非常に重要な問題だと捉え、党としても法制化を政策として掲げているわけです。

24年の衆院選ではかなり批判もされ、波紋を呼びましたが、現場の看護師さんや医師の方たちから、「玉木さん、私は表立っては言えませんが、よくぞ言ってくれました。この問題こそ、本当に政治が向き合っていかなければいけないんです」といったDMが山のように届きました。現場で生と死に向き合っている人たちの声に触れて、改めて間違っていなかったと思いましたね。

死にまつわる話はタブー視されがちだが、選択肢を増やし、「最期の自己決定権」を確立させること、それについて家族で、社会で、話し合うことも必要なのではないか。

高齢者を支える新しい制度設計を

24年12月、各世論調査で国民民主党の支持率は急増した。しかし世代別で見ると、依然として50代以上からの支持が低い。玉木に、高齢者支援のあり方について訊いた。

玉木　国民民主党は、現役世代を元気にする「手取りを増やす」を掲げ、今日まで駆け抜けてきました。今の日本の状況は、日々真面目に働き暮らしている現役世代の人たちが、高い税金や社会保険料を取られ、希望が見えにくい社会になっていることに大きな問題があるからです。

こう語ると、「高齢者はどうなってもいいのか」といった批判の声を耳にしますが、断じてそうではありません。これまで日本を支えてきてくださった皆さんをないがしろにするつもりは毛頭ないし、あってはいけないことです。加えて、これからますます医療、介護、年金の分野は重要になってきます。高齢者の皆さんに安心してもらえる持続可能な医療・福祉制度をつくっていくのが、政治家の責務だと考えています。

私たちが払っている社会保険料は、現役世代がお年寄りを支える仕組みで成り立っています。この社会保障制度は、すべての世代の人数が同じならとても優れた制度です。ところが、世代による格差が著しくなっています。小黒一正法政大学経済学部准教授が、内閣府の「平成17年度年次経済財政報告」を参考にして作成した資料によると、生まれてから死ぬまでの受益と負担、数字で見ると60代以上はプラス4000万円、私より少し若い世代はプラス1000万円ですが、今の0歳から10歳くらいの子どもたちがそのまま成長していくとマイナス8300万円です。

米国のある経済学者が、この数字を見て「これは『財政的幼児虐待』になっている」と指摘しました。少子高齢化で世代別の人口構成比が変わったことにより、このような歪みが生じているのが現実なんです。これを是正していかなければいけません。

世代間で支え合う制度は基本だとしても、たとえば、75歳以上の後期高齢者医療制度については、所得や資産のある方には現役並みの3割負担をお願いしたいと思っています。

高齢者の方たちは、健康状態に大きな差があったり、資産がある方とない方、収入のある方とない方と、その実情は大きく分かれます。そのなかで、ある程度所得や資産がある方には同世代を支えるような仕組みも組み込んでいかなければ、日本の社会保障制度は持たないと感じているのです。そうすることで、下の世代への負担を少しでも軽減させることが必要になっています。

公的負担と自由診療の組み合わせにしても、どこまで認めるのか。これは年齢だけでなく、現役並みの負担能力のある方にはある程度負担していただくといった議論が求められている。これまで69歳以下と70歳以上という「年齢」で区分けされていた制度を、収入や資産といった「支払い能力」の区分けに変えていく考えが必要になってくる。

それによって、お年寄りも現役世代も納得して支え合える社会保障制度を再構築していくことが政治に求められているのだと思っています。

歪んだ世代間格差は、政治の責任に他ならない。高齢者を支える新しい制度設計を真剣に考える姿がそこにはあった。

「103万円の壁」は延長戦へ

2024年臨時国会終盤の週末、JR新橋駅SL広場前で「一兵卒」となった玉木は数百人に膨れ上がった聴衆に、途中経過を報告した。

玉木　多くの皆さんにご期待をいただいた「103万円の壁」の引き上げについてですが、本日、自民党と公明党の与党税制改正大綱がまとまりました。

私たちが訴えてきた、いわゆる大学生の親御さんに適用されていた特定扶養控除、これが103万円に達してしまうと、お父さんお母さんの税負担が増えてしまう。だから働くことを制限して、シフトを外して、10月くらいには働けなくなって11月は全然シフトに入れない、そんな大学生の声をたくさん聞いてきました。それを今回私たちは、古川元久税調会長を中心に与党にしっかり迫って、特定扶養控除を１５０万円まで引き上げることができました。これはまず大きな成果です。皆さん、ありがとうございました。

まったく動かなかった１０３万円が１５０万円まで拡大しましたからね。「12月からようやく働けるようになった」、そういう声も聞いておりますが、今月働いて1月に支払われる所得は、まさに来年の所得にカウントされます。来年からこの１５０万円が適用されるので、来年の10月も11月も12月も、安心して働いてください。これが今回の成果の一つであります。

一方で、残念な結果もあって、それはいわゆる所得税の基礎控除。我々は１０３万円から最低賃金の上昇率に合わせて１７８万円まで引き上げていこう、何度も何度も衆議院選挙でも訴えましたが、この基礎控除等の引き上げについては、自民党、公明党の与党税制改正大綱には、１２３万円と書き込まれました。

これ皆さんね、数字が「１２３」と低いだけではなくて、中身が全然ダメなんです。というのは、私たちは基礎控除だけで75万円増やして、基礎控除だけで１２３万円にしてプラス給与所得控除55万円で１７８万円を訴えてきました。

しかし、今回の与党の20万円プラスは、基礎控除プラス給与所得控除、それぞれ10万円ずつなんですね。ですからこのなかにも、いわゆるサラリーマン、サラリーウーマンの方には、給与所得控除が適用されますけれども、最低保障額だけの引き上げなので、年収１９０万円以上の方には、給与所得控除はゼロですから、多くの人にとっては10万円の基礎控除のアップでしかない。そして併せて、サラリーマン、サラリーウーマンの方にも聞いていただきたいんですが、今回の自民党公明党の案だと給与所得控除を10万円上げましたが、収入が１９０万円以上の方については、サラリーマン、サラリーウーマンの方でも減税額はゼロです。だからほとんどの人にとって今回の自民党の１２３万円ということの引き上げは、基礎控除たった10万円だけのアップなんです。

たとえば年収が２００万円の方だと所得税５％ですから、年間５０００円の減税ですよ。たった５０００円。そして年収５００万円の方で、地方税も合わせて１万円から２万円。これぐらいなんです。

でも私たちの１７８万円の案だと、年収５００万円の方で年間13万円の減税額になります。全然違うでしょう？　だからもっと頑張らなければいけない。そういうことで今日、榛葉幹事長が、自民党の森山裕幹事長、公明党の西田実仁《まこと》幹事長と、3党の幹事長会合を行って、「これじゃダメだ、もう1回やろう」ということで協議を再開し、継続する、ここで終わりじゃなくて延長戦に入るということを決めたのです。

皆さん、ここからです。ここからが勝負なので、何とか応援いただきたいと思います。

私たちは別に自民党や公明党や財務省と戦ってるわけじゃない。皆さんの手取りを増やす戦いを行っています。だからどうか皆さん、一緒に戦ってください。よろしくお願いします。ありがとうございました。

2024年12月20日、東京・JR新橋駅SL広場前

「103万円の壁」をめぐる与党との駆け引きは延長戦に入り、2025年通常国会に持ち越された。しかし、1月28日の衆院本会議で石破首相は、さらなる引き上げについて、「検討しているとは認識していない」と否定。3党間の幹事長合意を反故にされ、国民の期待が踏みにじられた悔しさと怒りから、玉木はX(旧・ツイッター)で、「もう、参議院選挙で勝って議席を増やすしかない」と投稿した。

第5章

国民の手に政治を取り戻す——「盟友対談」

榛葉賀津也×玉木雄一郎

その結束はまるで赤穂浪士

本書を締めくくるにあたり、玉木と、盟友である榛葉賀津也幹事長に、対談をお願いした。通常国会前の2025年1月15日。まずは結党から24年衆院選前までの4年間を振り返ってもらった。

玉木　2020年の9月に、いわゆる新・国民民主党を結党した時に、多くの人が立憲民主党に移りました。これはもう考え方云々よりも、大きな政党にいた方が今の選挙制度は受かりやすいのは事実だからです。

それを我々が止めるというより、逆に言うと、榛葉幹事長とずっと言い続けてきたのは、選挙を政治家の就職活動にしないような政党をつくろう、また、単なる批判、反対で止めない「対決より解決」の姿勢の政党をつくろうということで、当時国会議員15名、もう文字通り決死の覚悟で集まってスタートしたのが国民民主党です。

結党して今日まで毎日が正念場で、選挙のたびに消滅すると言われながらやってきた。そのなかで、残念ながら議席を得ることができなかった仲間もいて、我々は現実に、時に屍《しかばね》を乗り越えながら、ようやく今回議席が増えて多くの国民に認知されるようになった。

正直よくここまで来たなということと、まだその理念は蕾《つぼみ》のままですから、本当に開花させて日本の政治を変えていくのはこれからなので、引き続き緊張感を持って頑張っていきたい。そう思っていますね。

榛葉　この党を支えてきたのは、玉木です。私はこの党を支えている玉木を支える、と。私の仕事はこの党を支えるというより、この党の大黒柱の玉木をとにかく支える、その一念でこの4年間やってきました。実は旧・国民民主党の時はね、玉木・榛葉の信頼関係は、ここまではなかった。私は参議院幹事長として、党代表の玉木を見てきた。当時は平野博文さんが幹事長で、泉健太さんが政調会長。苦労されてるなと思っていたんですよ。誤解を恐れずに言うと、党の執行部が本当の意味で一枚になりきれてなかった。

私が玉木雄一郎という政治家の神髄に触れたのは、新・国民民主党をつくってからです。結党当時、古元《ふるげん》（古川元久）さんとか岸本周平さん（現・和歌山県知事）とか、優秀な議員はたくさんいたんですけど、あえて参議院の私が幹事長をやらせていただいて、そこから玉木の本気度というか、旧・国民民主党の時の私の目では見抜けなかった玉木雄一郎という政治家の本気、本物さに触れた。

私は民主党で13年に国対委員長を経験しましたが、当時、菅義偉官房長官から「とにかく安倍さんを支えるんだ」と聞いたことがあります。「必ず1日1回は官邸に行くなり、電話する。とにかく榛葉さん、総理とコミュニケーションとってるんだ」と。あの「鉄の結束」の安倍・菅体制は、単にケミストリーが合ってできたんじゃない。いろんな感情があっても、この国のために、この党のために命を賭けて支えるんだとの思いが、結束を強くしたと思うんです。私は菅さんと党は違うけども、菅さんのトップを支える、主を支える姿勢を見て、自分も同じ思いで玉木を支えようと思ってこの4年間やってきた。

玉木 今も連絡はマメに取り合っています。

榛葉 よくしつこいって言われるけどね（笑）。

玉木 いや、そんなことはない（笑）。

榛葉 多くの旧・国民が新・立憲に行ったっていうけれど、人情としては分かるんですよ。私、講談が好きで、特に「赤穂義士伝」が大好きなんです。

赤穂藩は当時３００人いたんですよ。ところが討ち入りに行ったのは四十七士でしょう？ 47人。残りは簡単に言うと、命惜しさに逃げたんですよね。江戸時代元禄期ですから、大坂冬の陣、夏の陣から90年経って、当時の武士は戦をやったことがない。刀を抜いたことがないんですよ。「なんちゃって武士」が蔓延してる時、それでも命よりも義理を重んじ、忠義を重んじたというのが人の心を打つんです。新・国民が立ち上がって、最初

15人だったんですね。47人もいなかったけど。
我々、赤穂浪士みたいだった。しかも組合の産別の皆さんは1議席しか比例枠がないのに、4人も来たんですよ。

玉木　政党支持率は1％もなかったからね。

榛葉　そういった意味では、そこがやはりコアでしたね。ブレない芯ができたことが、今この党を支えてるんじゃないですかね。

玉木　今の話は本質的で、与野党関係なく政党を見渡した時に、トップの代表とナンバー2の幹事長がしっくりいってる党が実はどれだけあるのかってことですよ。我々はナンバー1、ナンバー2コンビでこの間やってきたけど、自民党も立憲民主党も含めて、本当にがっちりやってるのかどうかは疑問が残ります。特に小規模政党はツートップががっちり組んでないと、すぐバラバラなります。だから、そこは本当に支えてもらってることがありがたいと思うし、本当に苦楽をともにしてきたわけで。

榛葉　楽は少なかったけど。

玉木　苦苦苦苦楽ぐらい。それをともに乗り越えてきた戦友だという気持ちが非常に強い。これは偽らざる思いです。

榛葉賀津也（しんば・かづや）
1967年、静岡県生まれ。参議院議員。国民民主党幹事長。米・オタバイン大学政治学部及び国際問題研究学部卒。菊川町議を経て、2001年の参院選に民主党公認で静岡選挙区から出馬し初当選。民主党政権時には防衛副大臣、外務副大臣を歴任。20年から党幹事長を務め、「趣味は玉木雄一郎」と公言する、国民民主党の「二枚看板」である。

真剣な話のなかにユーモアを交える「榛葉節」が、躍動する。互いに信頼し合える不動のツートップが、改めてこの党の強さなのだろう。

資金難のなかで駆け抜けた衆院選

2024年衆院選で28議席を獲得した国民民主党だが、舞台裏は極めて深刻だったという。大幅な議席増がなければ党存続危機の切迫した状況だった。

榛葉　実は、衆院選で15議席以上獲得しないと、党がもたない状況でした。当時、衆議院が7議席。倍以上の15議席いかないと、党の運営資金が足りなくなる状態だった。政党の主な収入源は政党交付金で、議員数と得票数で決められます。つまり、議員数が多いほど金額が増える仕組みです。

これは私と事務局で、皮算用をしました。何人立てるとどれくらいの選挙費用が必要で、それが選挙後にどれだけ返ってくるのか。つまり、当選した人数でどのくらい戻ってくるのか。衆院選だけでなく、25年夏に参院選も控えているので、お金の問題は本当に深刻でした。自民党や立憲民主党のような潤沢な資金を持ってる党はいいんですけど、我々はある意味その日暮らしだったんですよ。

いくら「武士は食わねど高楊枝」と言ったって、米櫃《こめびつ》に米がなかったら戦えない。15議席行くんだったらいいけど、届かなかったら本当に厳しい、と。

といってもより多くの候補者を立てないといけないので、玉木と私でどれだけ借金できるのか話もしました。政党が銀行から借りる金額っていうのは議員数によるんです。結局、返済能力は政党交付金で算定されるから。

銀行から、国民民主党だったらこれぐらいがマックスですと言われ、数字を言うと生々しいんですけど、とても衆参1年間で国政選挙を2回戦える額ではなかった。後は代表と幹事長が信用でどれだけ借りられるのかって真剣に考えました。

玉木　衆院選直前でしたね。

榛葉　私は金庫番としてもうずっとそのことを考えていて、衆院選と参院選を戦わなきゃいけない。その途中に東京都議選があって、東京都議選でコケたら参院選は戦えませんから、このホップ・ステップ・ジャンプの3つをどうやっていくか。

玉木は政策中心に戦略を組み立てて、どうやったら党の支持率を上げられるかってことを考え抜いていた。私は、玉木がやりたいことをやってもらえる環境をどうつくるかに苦慮していました。

何回も「もう勘弁してくれ」と思ったけど、「幹事長、ここ勝負ですよ。ここをやらなかったらダメですから！」って。それ、勢いはいいけどね。

玉木　こっちは言うだけだから。

榛葉　大将が「行くぞー！」って言っても、やっぱりこっちは、米櫃がないなんて言ったりしていました。しかし、最後は玉木の指示に「分かりました。勝負です」と。言葉は悪いですけど、大博打でした。

玉木　結構、無理を言いました。最後はね、クレジットカードで献金できる仕組みを直前につくったんです。実際に数字を見ました。それで、選挙期間中もお金を集めながら、選挙戦最終盤で、我々はSNS選挙で成功したと言われましたけど、実情は火の車でした。

X（旧・ツイッター）とかいろんなところで広告を打ったりしながらね。もちろん、党の活動として合法的な範囲で、です。でも、弾《たま》（資金）がない。だから集めながら、集めた額の分だけ広告を打つので、寄付してくださいってお願いして、3000万円くらい集まった。そのうち2000万円くらいを最後にSNS広告に投入したんです。

榛葉　私ももう冷や汗ものでした。玉木は選挙終盤、スパチャ（スーパーチャットの略。ユーチューブのライブ配信や動画の公開時に、配信者に投げ銭とコメントを送る機能）をやるって言い出して。

しかし、代表がそこまでやるのを見せれば、政治界隈の玄人には「この人は本当に勝負してるんだ」ってたぶん伝わると思ったし、政治の専門家でなくてもSNSで繋がった皆さんが選挙チームになって本気になって勝負してくれましたね。あれは今回の醍醐味でした。

玉木　潤沢に資金を持っている政党はいいなと、本当羨《うらや》ましく思ったし、一方で、もう少し効果的に使ったらいいのになと思うこともありました。こっちはカツカツでやっていたので。

榛葉　ただ、今思うと、あのギリギリの状態での闘いが功を奏したんですよ、結果論ではなくて。

お金があったら自分たちでコンテンツつくって、自分たちで金かけて一生懸命発信するんですけど、うちは金がないから支援者の皆さんにとにかく切り抜いて拡散してくれ、と。それがテクニカルな部分で功を奏した。

玉木　そう、確かに。

榛葉　私もSNSなんかやったことないんです。ただ、玉木と伊藤孝恵から「幹事長、何でもいいから車の移動中でも呟いてください」って言われて、「俺、ヤギの飼い方は分かってもSNS分かんない。けど、とにかくやるんすよね」と言ってやったら、「幹事長がガチになっているよ」みたいに仲間から言われた。手当たり次第にリツイートしたり、「いいね」を押したり、返信したりして、全然知らない支援者から「幹事長から返信が来たけど、どうなってんだ」って。それぐらい必死でした。

玉木　手当たり次第の白兵戦みたいな感じでしたね。実際、切り抜き動画っていうのは、いわゆるオーガニック（広告などから誘導されることなく視聴者が動画を視聴すること）と言われる独自でつくったやつを出すのももちろんありましたけど、いわゆるサードパーティとか第三者の方、支援者の方が、既存のやつを切り抜いて自分でつくって上げてくれたやつも実は拡散した動画のなかの多くを占めるわけですね。だから自分たちでできない部分は人の手を借りることが、より「巻き込み力」を発揮して、拡散していったっていう意味では、結果としてよかったなって思いますね。

榛葉　うちの動画がすごく人気出てきて、主要政党も切り抜き動画を真似し始めたんですけど、すごく品がいいっていうか、明らかに業者がつくってる切り抜きみたいなんですね。でもうちって、「全国の雑草魂」の人たちがオオオーッて雄叫びをあげて火がついていった。これが拡散した一番の理由ですよ。知らない人たちが、「その地の選対本部長」になってるんだもの。

玉木　大きいと思うのは、よく「知ってる人に声かけてください」って選挙の時言うじゃないですか。1人でも2人でも選挙に行ってくださいって言うんですけど、その動画つくって拡散して、それをたとえば100人が観てくれて、そのうちの何人かが投票に行ったらすごい効果なんですよ。

電話かけて「選挙にぜひお願いします」っていうのは今、ちょっと気持ち悪くて、却《かえ》って引く人がいるなかで、印象的な動画が流れてきて、行ってみようかなと感じる人が多くなってきた。ライトな感じで伝達する方が、拡散力、波及力が逆にあるのかなというのを感じましたね。

榛葉　今まで家のなかにいた高校生や大学生や若いサラリーマンが、家のじいちゃん、ばあちゃんに「この動画見て、国民民主党って書いてくれ」って、親たちを説得したという話もたくさん聞いた。

玉木　下の世代が上の世代に訴えるという。

榛葉　そうしたら、じいちゃんが「いいじゃないか、玉木と榛葉は。自民党か？　こいつらは」って訊いてきたので「違うよ」って答えると、「自民党よりまともじゃないか」って（笑）。

玉木　今までは、年長者に言って、お子さんやお孫さんにも選挙に行ってもらうよう伝えてくださいっていうのがスタンダードでした。それが今回、うちに関しては逆になって、むしろ、若年層が「お父さん、お母さん何言ってんの」、「おじいちゃん、おばあちゃん、ぜひ今回は国民民主党にお願い」っていうのはね、私も複数聞きました。

助けてもらったんですよ。もう毎日が正念場でね。もう選挙のたびに消滅危惧種みたいに言われた我々を助けてくれたのは、国民の皆さんだし、民意だし、特に現役世代、若い人がね、我々を助けてくれ、生き残らせてくれたんですよ、本当に。

榛葉　それで親世代、おじいちゃんおばあちゃん世代がＳＮＳ、ユーチューブを見始めたこともあった。今まで若い人たちしか見てないっていう、我々「売れない地下アイドル」はそういう存在でしたが、今や結構ご高齢の皆さんもユーチューブを見ている。

玉木　この前、お正月に実家に帰省してびっくりした。うちの親父がずっとスマホを握りしめて動画を見てるんですよ。「なんでそんなの見てんのよ」って言ったら、「いやもう動画が面白いよ」って。85を超えた年寄りの親父が、スマホの小さい画面を懸命に見ていたので、テレビに繋いで大きな画面で見られるから、今度接続機器を買ってあげようかなと思った。

実は綱渡りだった24年衆院選。その成果の「原動力」であり「副産物」であったのは、幅広い世代にSNSが浸透していったことだった。「SNS選挙」という言い方には揶揄も含まれるが、玉木や榛葉の奮闘は、そこに民主主義の実感や肉声を込め得たのである。

スキャンダルから組織の成熟へ

かくして4倍の議席増で躍進した国民民主党。しかし、特別国会初日に玉木のスキャンダルが報じられ、暗雲が立ち込めた。

玉木　正直に言うと、榛葉幹事長に全部助けてもらいました。危機管理、あるいは危機を乗り切る際、榛葉幹事長や仲間の議員に本当に支えてもらいました。心から感謝していきます。今は3月3日まで一兵卒として対外的に党のことについてアピールしていく、それこそが責務だと思っています。

私の場合、フォロワー数も多いので、ユーチューブやSNSを通じて、党の広報発信を今まで以上にやっていきたい。

また、今現場で引き続き古川元久税調会長、浜口誠政調会長が103万円の引き上げについて延長戦に入って、これからまたもう1回大きな山が来ると思います。私自身は今まで支えてもらったんで、今度はある意味裏方として、しっかり交渉当事者をサポートしていきたいと思ってます。

榛葉　国会初日だったので、晴れの日なんですよ。28人当選して、初登院で「よーし、これから」っていう時でしたが、数日前からこっちはもうそれどころじゃなかった。

その初日に両院議員総会をやって、当然いろんな声が出ました。しかし、玉木個人を責める発言はありませんでした。ただ党として、これを何もなかったことにして、本当に信頼が得られるのかと、我が党を思ってですね、いろんな意見があった。みんなここまで玉木に助けられたり、支えられてきた。初当選した仲間も玉木がいなかったら、比例含めて勝たなかったわけで。とにかく玉木に謝罪してもらう。私からは、「1回だけ玉木を助けてほしい」と。「それは玉木個人を助けることじゃなくて、それがこの党を支えることだから、今バラバラになったら思う壺だ」と。この党を潰したいと思っている勢力は当然いますからね。

見事に全員首班指名で「玉木雄一郎」って書いてくれた。午後1時から衆議院で、午後2時過ぎから参議院で、本会議が開催でした。しかし、参議院は首班指名前に新議長選出の選挙があり、我々参議院議員も午後1時過ぎに本会議場に入っていて、衆議院の動向が分からなかった。

議場ではスマホは使えないからです。衆議院の首班指名の行方が気になって気になって。ようやくメモが入ってきて、衆議院造反ゼロ、全員玉木雄一郎って書いたって分かり、舟山康江参院議員（党参院議員会長）とか皆で良かったたって。

舟山さんって、玉木にも私にも厳しいところがある肝っ玉母ちゃんなんです。その舟山さんが感情を露わにして、「良かった」って。

玉木　本当、申し訳ないね。そういう葛藤とか不安を与えてしまったことは、党の代表として反省しなきゃいけないと思ってます。ただ、決めたことをきちんとやる、いろんな感情を乗り越えてやるっていう、組織としての成熟性ができてきたと感じました。これは、旧・民主党政権で一番欠けていたものだったので、そこを榛葉幹事長を中心にまとめてくれたこと、あるいは新人議員も含めて、そういう組織的な動きができたことは、意義があったと思います。

党としてのリスク・マネジメントやガバナンスが機能したということだろう。今な

お批判のための批判を繰り返す声は聞こえるが、この政党の面々はもう前を向いている。

覚悟をもった新人たち

衆院は選挙前7議席から28議席にまで増やした国民民主党。これまで、躍進した党を悩ませたのは新人教育についてだが、榛葉は「問題ない」と胸を張る。

榛葉　かつて、小泉チルドレンとか、小沢チルドレン、安倍チルドレンって呼ばれる、ブームで当選してきた人たちがいるんですけど、我が党の新人議員にそれは当たらない。
確かに、ある意味「玉木チルドレン」と言われるかもしれないけれども、これまでのチルドレンと決定的に違うのは、うちの新人たちは、党の調子がいいから公募してきたわけじゃないんですよ。
うちのブームって、選挙中に起こってるんで、エントリーした時はジリ貧の党なんですよ。

玉木　そうだね！

榛葉　まさに同志なんですよ。出ても勝てっこないかもしれないけど、自分が出て挑戦することによってこの党を大きくしたい。挑戦しなかったら勝てないじゃないかっていう、本当に野武士のような同志が集まってきた。勝てないかもしれないけれど、それでも挑戦する、みたいな。国民民主党しかないって思いで来た戦友なんだよ。
彼らが立候補した後、たまたま注目されたに過ぎない。だから覚悟が違うんです、この新人くんたちは。

玉木　確かに。ブームは選挙が始まってからだから、エントリーの時点ではね、彼らは決死の覚悟を持って来ていた。

榛葉　だから、急に増えた新人教育に関しての不安は一切ありません。今の新人たちは腹が据わっていますよ。

とはいえ、国民民主党ブームで次期参院選にはすでに1000人以上の公募者が押し寄せている。玉木や榛葉が頭を悩ませるのは、これからということではないだろうか。

「103万円の壁」「ガソリン税」の行方

夏の参院選の前、課題は言わずもがな「103万円の壁」「ガソリン税」問題の行方だ。通常国会前に2人の決意、心境を改めて訊いた。

榛葉　私は3党合意に署名した張本人として、この2月いっぱいまで、この本が出版される頃はもう済んでるんだろうけども、2月末までが衆院の予算の山場。そこまでまずは「103万円の壁」、そして「ガソリン税」に専念していきます。今月（25年1月）からまたガソリンの補助金がなくなりますけど、今キャベツ1個1000円のところもある。地方はガソリンが、昨日石垣島に行きましたが、ここではガソリンがリッター200円を超えている。本気になってガソリン税を考えないと。この2つはやりきるまで食らいついていきたい。

私はこれはね、交渉ではないと思ってるんです。やるか、やらないかなんですよ。それは自公が榛葉に何か譲るとかじゃなくて、この政策って、もう国民が喉から手が出るほどやってくれと懇願してる政策なんですね。

それは民意なんです。先の選挙で結果が出たんですよ。国民が何を望んでるかっていうことから逃げて、どうやったらコスパがいい予算を通せるかなんて考えたら、この国は潰れますよ。

自民党政権がどうなろうといいけども、せっかくデフレから脱却して景気を循環させようとしているこの一番大事なチャンスを逃したら、大変なことになる。これは、やるかやらないかなんですよ。落としどころっていうのはひょっとしたらあるかもしれないけど、そんな、財源示せとか、そういう駆け引きやってる次元では私はないと思いますね。

玉木　3党合意は重いですよ。各党のナンバー2が署名した、これは公党間の約束としては極めて重いので、それをどう履行するのかというのはそれぞれが責任を負ってるので、あいつが悪い、こいつが悪いとかって話ではもうない。

加えて、私はトランプ政権がスタートすることをもっと重く受け止めておく必要があると思っています。

関税を一律すべての国に関して課すっていうことになると、これは明らかにアメリカ国内のインフレを再燃させることになるんですね。

そうするとＦＲＢ（連邦準備制度理事会）は金利を下げていますが、やはりインフレを退治するために、むしろ逆に金利を上げるっていう局面に入ってくる可能性があります。もうすでにアメリカの10年債の金利は４・７を超えて４・８とかになり始めている。

そうなると、内外金利差が少ないので円安に振れ、１ドル１６０円に近い、あるいは超えるかもしれない。ましてや日本はたくさんのオイル、あるいは天然ガスを輸入してますから、またガソリン代、あるいはその流通コストに跳ね返ってきて、物価が上がる。

このことに対して、１０３万円を１７８万円目指して引き上げようというのは、ある種のインフレ対策でもあるんですよ。インフレ調整をして所得税の控除の額を調整しましょうというものなんです。

これからトランプ政権になって、ひょっとしたら米国内や日本国内でもインフレが再燃するというなかで、それにまったく対応せずということになると、インフレ対策に失敗した政権はどの国も全部倒れてますから、夏の参議院選挙、自民党は大敗しますよ。

ということもあって、もっと国民生活をよく見てほしい。とんかつ屋さんでキャベツのおかわりができなくなっているような、そんな国民生活の現状に向き合ってほしいんです。

榛葉　私はね、玉木のような税の専門家じゃないけど、これはおかしいだろうって思ったのは、コロナの時にある財務官僚が「コロナ禍にもかかわらず、いま60兆円の税収がありましたよ」って嬉々として言っていた。今、国民が困ってるんだから税金を取っている場合じゃないだろう、と。感覚が麻痺しているなと感じました。

玉木　6年連続過去最高の税収って言うじゃないですか。どこから始まったかというとコロナが始まった20年度からなんですね。

冷静に考えると、これはおかしい。だからやっぱりね、税金を払う側の立場に立った視点を、この間欠いてきたんじゃないか。それが日本が成長をしなくなった要因ですよ。頑張っても結局、召し上げられるんだなっていう、インセンティブをそぐような政策、政治になってきたことが、日本の成長を止めてるんじゃないですかね。

榛葉　私がこの24年間、呪文のようにずっと言ってきたのが、集めた税金を使う側ではなくて、働いて税金を払う側の政治。それはまさに国民主権ですから、納税者が主権者なんですよ。難しい話でも何でもなくて当たり前のことですよね。

前回の衆院選は、国民民主党が伸びたんじゃなくて日本の政治と選挙が変わったんだと思ってます。権力奪い合いゲーム、それは主語が「政治家」なんですよ。我々は、主語は「国民」だと。誰が大臣でも総理でもいい。与党、野党も関係ない。国民の手に政治を取り戻すって、これが「103万円」ですよ、街頭で訴えた。これにみんなが反応したのは、まさに国民が1円5円10円に真剣になってるってことです。

玉木　本当に政治が変わり始めてると思うのは、一つの国政選挙が終わった後に、1野党が訴えた政策が、朝夜のニュース、昼のワイドショー、土日のワイドショーなどで賛否を含め税についての議論がお茶の間で繰り広げられている。

榛葉　居酒屋でも語られてる。

玉木　これは画期的な変化だけど、これが本来の民主主義です。選挙に行っても何も変わらないと思わせ続けた政治を、行ったら変わる、行ったら懐が1万円でも2万円でも3万円でも豊かになるという、ある種の成功体験を持ってもらうことで、民主主義を再起動させていきたいと思っているんです。

政権交代でバラ色の明日はこない——。それよりも今、国民が求めているもの、必要としている政策を実現していくことに意味があると再確認し合った。「いずれ政権を担う政党」とは、今すぐ与党の一角に入ることを意味しない。一つ一つの公約を実現し、着実に一歩一歩踏み固めながらつかみ取るものだ。二人の目はそう語っているように見えた。

解説

玉木の言葉には「新しい政治」の予感がある

山田厚俊

新・国民民主党を旗揚げしてからの4年間、玉木雄一郎に重くのし掛かったプレッシャーは計り知れない。長く政党支持率１％台の微増微減を繰り返し、所属議員も目減り傾向だったからだ。玉木には揺るがない政治的ヴィジョンがあったが、政党運営には常に不安が付きまとったはずだ。

「所詮、国民民主党は玉木の『個人商店』だ。自民党と連立を組んでそのまま吸収されるか、他の野党と合併するか。いずれにしても、そんなに懸命に取材しても意味がないんじゃないの」

私自身、与野党議員や秘書と話し込むなかで話題が国民民主党に触れると、このような言葉を向けられたことが何度もあった。それでも、玉木のところへは足繁く通った。玉木の実践と思考とその言葉には「取材する価値」があると思ったからだ。

私が玉木と出会ったのは、2014年の9月あたりだったと思う。民主党が野党に転落して2年近く経った頃だ。低迷が続く党内において、若い人材で刷新を図ろうとする動きがチラついた時期である。

今後、政局のカギを握るのは玉木かもしれない。そう思って面会して、担がれたら代表選に出る気はあるのかと訊いた。すると玉木はにやりと笑い、こう切り返してきた。

「今の私は、寝ても覚めても自分の選挙のことしか考えていません。代表なんて微塵も考えてないし、もし出ろと言われても断りますよ」

笑い返した表情に政治家としての可能性を感じた。言い換えれば、「傾奇者《かぶきもの》」の片鱗を見たとでも言うのだろうか。たとえば、目力だったり、強面《こわもて》だったり、笑顔だったり、経験を積んで実力者となる政治家は、表情で相手を引き込む技を持ち合わせている。本心を覆い隠す鎧《よろい》を身に付け、自分が描く展開に持ち込む力を宿しているものだ。当時、玉木は当選2回ながらも、「自分の選挙のことしか考えていません」などと韜晦《とうかい》し、早くもその鎧を纏《まと》っていた。だから、その本心に近づきたくなった。それから私は、機会を見つけては玉木に会い、話を聞くようになった。

ここで少しだけ自分の話をしたい。私は、元々政治に関わることを恐れていた。というのも、私の曾祖父、山田友治郎は「反骨の政治家」として知られた田中正造の副官（今でいう秘書）だったからだ。友治郎は健康な体でありながら、足が不自由であるかのように装い、仕込み杖を突きながら歩いていたそうだ。政治家が命を狙われるのが当たり前の時代、その右腕たる者も自分の身を守ることを余儀なくされていたという。

「政治は命を賭ける覚悟がないと関わってはいけない」と、幼い頃から両親に聞かされてきた。そんな空恐ろしい世界には首を突っ込みたくないと思い、政治取材はなるべく避けるようにしてきたが、どういう因果か、いつの間にか永田町取材に深く関わるようになっていった。

しかし現代の政界は、想像した世界からは程遠かった。国民のことを考えて命を賭けて闘うような政治家はなかなか見つからなかった。政治への畏怖の念は薄れていった。それを振り払いたかったのか、気骨のある政治家を探すことに、私は仕事のやりがいを見出すようになった。「気骨」ある存在ならば、保守もリベラルも問わない。そのなかの一人が、玉木だったのである。

あえて時代を隔てた二人を対比してみるが、天皇への直訴も辞さない反権力の田中正造と、堅実な変革を目指す保守の玉木とは、まったく交わらないようにも見える。だが二人には通底する構えがある。「国民第一」の低い目線を持っていることだ。思想やアプローチは違えど、立脚しているところは同じだと私は感じた。私が考える政治家の「気骨」とは、「国民第一」の揺るがない姿勢だと言えるかも知れない。

玉木は、所属政党は民主党から民進党、希望の党、国民民主党へと変わっていったが、改革中道の旗を高く掲げ続けた。

「本来、多くの日本人のボリュームゾーンは中道保守。だけど、それを打ち出すと右からは左寄りと呼ばれ、左からは右に転向したと批判される。どちらからも中途半端と呼ばれるんだよね」

ちょっと困ったように笑う玉木に、私は、自らの考えを打ち出した本を出してみたらどうかと、出版を促した。玉木が思い描く各政策ごとのインタビューを重ね、まとめたのが19年7月に上梓した『令和ニッポン改造論』（毎日新聞出版）である。

政策を語る玉木は生き生きとしていた。目を輝かせ、熱く真剣に語る玉木は、保守政治家としての階段を確実に上りつつあると感じた。

しかし、この本を出した直後の参院選で、国民民主党は14人の候補者を擁立したものの、当選はわずか3人にとどまった。その後も党勢は伸び悩み続けた。

だが一方で、経済政策をコツコツと積み上げ、わずかしかない国会での質問時間でも伝わる言葉を探し続けた玉木の姿、言葉の数々には、目を見張るものがあった。現実的で具体的な事実を積み上げ、実現可能な政策を練り上げ、提案する。玉木は、分かりやすい言葉、伝わりやすい言葉を模索し続けた。時に他党の議員からは冷笑の対象とされながらも、国会論戦の「その先」に、国民をしっかりと見ていた。国民に言葉を届けようとするその姿勢は、私の胸に刻まれた。

玉木の言葉を今、届けたい。24年7月、七夕決戦となった都知事選後、改めてその思いが強くなった。新しい政治の扉が開かれ、時代が変わろうとしている。玉木はその中心の一人になるだろう。そう感じたからだ。玉木に打ち明けると、快諾してくれた。

政治家は言葉によって立つ。それが結実したのが、24年10月の衆院選だった。国民が求めていた「言葉」「答え」を玉木率いる国民民主党は提示してみせたのではないだろうか。

そんな玉木の言葉の数々をまとめたのが本書である。24年8月から12月にかけての8回にわたるインタビューを中心に、24年衆院選の街頭演説やユーチューブでの言葉も盛り込んだ。

政治には批判も必要だろう。批判によって正される局面もある。しかし、批判だけでは前に進めない。また、国会での誹謗中傷合戦は、国民に政治不信や無力感をもたらす。そうではなく、本当に必要な政策とは何か、どのような社会をつくっていくのかを真摯に議論する新たなステージに政治は入るべきではないか。そのヒントは、玉木の言葉に込められていると信じる。
だからこそ本書は、玉木と国民民主党の支持者だけに贈るものではない。政治に対して、さまざまな思いを持っているさまざまな人たちに読んでもらいたい。そして一人でも多くの人に、「玉木の言葉から、自分と政治の新たな接点が見えた」「玉木にはこんな政治をしてほしい」といったことを感じていただければ、編者として本望である。

山田厚俊（やまだ・あつとし）
1961年、栃木県生まれ。建設業界紙記者、タウン紙記者を経て、95年、元読売新聞大阪本社社会部長の黒田清氏が主宰する「黒田ジャーナル」に入社。阪神・淡路大震災取材に従事。黒田氏死去後、大谷昭宏事務所に転籍。2009年、独立。現在、永田町取材を中心に活動。音楽や社会風俗にも通暁している。

玉木雄一郎（たまき・ゆういちろう）

1969年、香川県生まれ。衆議院議員。国民民主党代表。93年、東京大法学部卒業後、大蔵省（現・財務省）入省。米国ハーバード大学大学院（ケネディースクール）修了。2005年、財務省を退官し、衆院選に民主党公認で香川2区から立候補したが落選。09年衆院選で初当選。希望の党代表を経て18年に国民民主党代表となり、20年の新・国民民主党設立以降も代表を務める。

「手取りを増やす政治」が日本を変える　国民とともに

二〇二五年三月二〇日　初版印刷
二〇二五年三月三〇日　初版発行

著者　玉木雄一郎
編者　山田厚俊
写真　玉木雄一郎事務所／吉野俊平
ブックデザイン　鈴木成一デザイン室
発行者　小野寺優
発行所　株式会社河出書房新社
〒一六二-八五四四　東京都新宿区東五軒町二-一三
電話　〇三-三四〇四-一二〇一［営業］　〇三-三四〇四-八六一一［編集］
https://www.kawade.co.jp/
組版　株式会社ステラ
印刷・製本　株式会社暁印刷

Printed in Japan　ISBN978-4-309-22957-7